北京信息科技大学 2017 年人才培养质量提高经费项目资助
北京市教委"北京地区高校科技发展报告"项目资助
北京知识管理研究基地项目

金融学科核心课程系列教材

金融工程学

（第二版）

侯风萍　徐弥榆／编著

中国财经出版传媒集团
经济科学出版社
Economic Science Press

图书在版编目（CIP）数据

金融工程学/侯风萍，徐弥榆编著 . —2 版 . —北京：
经济科学出版社，2017.7
金融学科核心课程系列教材
ISBN 978 - 7 - 5141 - 8154 - 8

Ⅰ.①金…　Ⅱ.①侯…②徐…　Ⅲ.①金融学 - 高等
学校 - 教材　Ⅳ.①F830

中国版本图书馆 CIP 数据核字（2017）第 144132 号

责任编辑：谭志军　卢元孝
责任校对：杨　海
责任印制：王世伟

金融工程学　（第二版）
侯风萍　徐弥榆/编著
经济科学出版社出版、发行　新华书店经销
社址：北京市海淀区阜成路甲 28 号　邮编：100142
总编部电话：010 - 88191217　发行部电话：010 - 88191522
网址：www. esp. com. cn
电子邮件：esp@ esp. com. cn
天猫网店：经济科学出版社旗舰店
网址：http://jjkxcbs. tmall. com
北京季蜂印刷有限公司印装
710×1000　16 开　12.5 印张　230000 字
2017 年 7 月第 2 版　2017 年 7 月第 1 次印刷
ISBN 978 - 7 - 5141 - 8154 - 8　定价：28.00 元
（图书出现印装问题，本社负责调换。电话：010 - 88191510）
（版权所有　侵权必究　举报电话：010 - 88191586
电子邮箱：dbts@ esp. com. cn）

编委会名单

丛书主编： 葛新权

副 主 编： 徐文彬

编　　委：（按姓氏笔画排序）

王立荣　　王建梅　　王　斌　　孙　静

刘亚娟　　李玉曼　　李宏伟　　陈雪红

侯风萍　　徐文彬　　徐弥榆　　徐　颖

葛新权　　谢　群　　彭娟娟

总　　序

　　随着经济一体化与金融全球化的发展，我国金融改革从 2007 年以来呈现出快速发展的势头，步伐不断加快。因此，现有的金融类教材大都一定程度地存在着金融理论知识滞后于金融改革现实的问题，迫切需要更新，添加近三年金融改革的最新内容。因而，北京信息科技大学经管学院财务投资系教师经过三年多的打磨与研究，着手编写了这套金融学科核心课程系列教材。系列教材共包含《金融学》《国际金融》《商业银行经营学》《证券投资学》《保险学》《财政与金融学》《中央银行学》《金融工程学》等 8 本。

　　本系列教材严格按照教育部关于普通高等院校金融学科教学基本要求编写，以培养应用型经济与金融人才为原则，以在保证基础理论知识系统性的基础上进一步提升系列教材的实用性和针对性为宗旨。本系列教材具有三方面的特色：

　　第一，优化金融学科核心课程结构，减少教材之间的重复。本教材力求改变现有教材涉猎内容过多的现状，减少相近教材内容上的交叉和重复。如《金融学》中，不再涉及国际金融中的汇率和国际收支方面内容，不再讲授证券投资学中的资产定价内容，不再涉猎金融工程学中金融创新的内容，不再介绍发展经济学中金融深化和金融抑制等内容。在有限的学时内，使教学内容更加突出和明确，从而优化了课程结构，提升了教学的针对性，使教材更加具有实用性。

　　第二，为了培养应用型经济、金融人才，添加了金融改革实践的最新内容，其中，重点添加了近三年我国金融改革实践的新内容，同时添加了国际金融业监督管理机构对银行业、证券业、保险业监管的最新要求，并且结合国际、国内金融改革的实践，添加了相应的金融案例分析。

第三，力求理论基础知识与金融实践相结合。主要是三个方面：一是将金融学科专业基础知识的传授与金融从业人员资格考试及金融机构招聘等各类考试的介绍进行适当的结合。即在每一章节相应的知识点处添加了银行从业人员资格考试、证券基金从业人员资格考试、期货人员资格考试内容。添加了经济师考试两门课程——"经济基础知识"和"金融专业知识与实务"的相关内容。二是本学科教学改革的成果与教学内容相结合。三是面对面单纯讲授与金融模拟交易实训及上机实验活动相结合。

教材的最终成果可能会与编写宗旨存在差距，而且也可能存在不足甚至舛误。因此，我们以真诚的心，接受各位专家、学者、同行及使用者的批评与指教，以便我们今后不断完善和改进这一系列教材。

感谢编写委员会全体教师的辛勤劳动，并将此系列教材真诚地献给使用它们的学生们！

北京信息科技大学经管学院

葛新权

2010 年 7 月

再 版 前 言

金融工程将工程思维引入金融领域，综合采用各种工程技术方法设计、开发和实施新型的金融产品，创造性地解决各种金融问题，已经在金融领域得到了广泛应用。其中风险管理是金融工程的主要应用领域，也是金融工程发展的原动力。金融工程主要运用金融衍生产品来管理风险，金融工程的发展及金融衍生产品的不断增加增强了金融市场抵御风险的能力，强化了金融市场的资源配置功能，也满足了不同投资者的投资需求。在我国，随着利率、汇率、原材料价格等日趋市场化和自由化，各个经济主体面临的风险加大，对利用金融衍生产品来管理风险的需求在增加，金融工程将有广阔的应用前景。

本书的目标是通过对金融工程理论、方法、应用的介绍，帮助读者掌握金融工程的基本原理，也为培养读者对金融工程的实际应用能力特别是管理风险能力打下基础。本书共分为八章，第一章为金融工程导论，概括地介绍了金融工程的产生发展、基本概念及分析方法等。第二章至第八章重点介绍了远期、期货、互换、期权这四种最基本的金融衍生产品的定价与运用。本书在内容安排上力求由浅入深、通俗易懂，注重对基本概念、基本原理的理解与把握，各章节中尽量穿插一些实例和案例，便于读者能够很快掌握金融工程的主要内容与方法。

本书第一版出版于 2013 年 5 月，至今已有 4 年时间，在这期间，我国金融衍生产品市场快速发展，2013 年 9 月中国金融期货交易所推出 5 年期国债期货合约，2015 年 3 月中国金融期货交易所推出 10 年期国债期货合约，2015 年 2 月上海证券交易所推出了上证 50ETF 期权。为了更好地反映金融衍生产品市场的新情况，给读者提供最新的学习资料，我们对全书进行了修订。具体修订情况如下：第一，在第五章增加了我国国债期货的内容；在第六章增加了人民币利率互换的内容；在第七章增加了上证 50ETF 期权的内容。第二，对全书已经过时或略显陈旧的数据和内容进行了更新。第三，对个别错误和不当之处进行了更正。本次修订由侯风萍和徐弥榆联合完成，最后由侯风萍统稿定稿。

本书可作为高等院校金融学、管理学专业本科学生的教材和教学参考书，亦可供金融研究人员和金融机构从业人员参考。

本书的编写分工如下：

侯凤萍，第一章、第六章、第七章、第八章。

徐弥榆，第二章、第三章、第四章、第五章。

在本书修订过程中，得到了王晖、王敬敬、王立荣等老师的支持和帮助，得到了北京信息科技大学经济管理学院各位领导的大力支持，对此一并感谢。

由于作者水平有限，书中难免有错漏之处，恳请读者和同行批评指正。

编　者

2017 年 4 月

目　　录

金融学科核心课程系列教材

第一章 金融工程导论

金融工程是 20 世纪 90 年代初西方国家出现的一门新兴金融学科。金融工程的发展历史虽然不长，但由于其将工程思维引入金融科学研究中，融现代金融学、信息技术与工程方法于一体，因而迅速发展成为一门新兴的交叉性学科，在把金融科学的研究推进到一个新的发展阶段的同时，对金融产业乃至整个经济领域产生了极其深远的影响。本章主要从总体上对金融工程进行概述，阐述金融工程的概念和研究范围、金融工程的运作程序、金融工程的基本目的，分析金融工程发展的历史背景，概括性介绍金融工程基本分析方法。

第一节 金融工程的概念

一、金融工程的概念

金融工程的思想在数百年前就已出现。在 20 世纪 50 年代，"金融工程"开始作为一个专有名词出现在有关文献中，但是金融工程作为一个自成一体的金融学科，却是在 20 世纪 80 年代末和 90 年代初。1991 年"国际金融工程学会"的成立，被认为是金融工程学正式确立的标志。

对于什么是金融工程，有不同的观点。美国罗彻斯特大学西蒙管理学院教授史密斯和大通曼哈顿银行经理史密森认为："金融工程创造的是导致非标准现金流的金融合约，它主要指用基础的资本市场工具组合而成新工具的过程。"随着社会经济的发展，市场和客户的需求发生了显著的变化，金融新产品为顺应这种变化趋势，越来越向个性化、多功能化、高附加值和自动化方向发展，即为客户量体裁衣，设计出非标准的现金流工具。英国金融学家洛伦兹·格利茨认为："金融工程是应用金融工具将现在的金融结构进行重组以获得人们所希望的结果。"美国金融学教授约翰·芬尼迪认为："金融工程包含新型金融工具及金融手段的设计、开发和实施，以及对金融问题的创造性地解决。"国际金融工程师学会常务理事马歇尔认为这一表述对金融工程的研究范围作出了准确的概括，并作了进一步的阐述，指出定义中提到的"新型"和"创造性"有三层含义：一是指金融领域中思想的跃进，其创新程度最高，如第一份期权合约的产生；二是指对已有观念作重新理解与运用，如在商品交易所推出金融期货作为新品种；三是指对已有的金融产品进行分解和重新组合，创造出新产品。目前层出不穷的新型金融产品的创造，大多建立在这种组合分解的技术之上。如果把基本的金融产品（如股票、债券）及其衍生产品（远期、期货、互换、期权），比作建筑房屋用的基础材料的话，那么各种新型金融产品就是由这些简单基础材料组建的高楼大厦。随着组合方式的差异，结构的不同，构建出的新产品也是变化无穷的。正是从这个角度看，这门学科才被称为"金融工程"。

目前，被广为接受的概念是以约翰·芬尼迪提出的概念为基础的，金融工程是指将工程思维引入金融领域，综合地采用各种工程技术方法（数学建模、数值计算、仿真模拟等）设计、开发和实施的新型金融产品，创造性地解决各种金融问题。

二、金融工程在实际生活中的应用

下面我们通过金融工程在实际生活中运用的几个案例，来加深一下对金融工程的认识。

【案例 1.1】

信孚银行的合成股票

1993 年夏，法国政府开始大规模地推行国营企业私有化，这项计划吸引了各国投资银行，美国信孚银行（Bankers Trust）也是其中之一。这家投行在买卖衍生产品方面颇为擅长，但就其规模而言只能算是一家中小型的投行。而且当时美法两国政府在乌拉圭回合谈判中处于僵持阶段，法国人民有一些反美情绪。

当时在私有化过程中，法国最大的化学公司 Rhone-Poulenc（简称为 R-P）在实施国有股权退出改革时就遇到了难题：政府希望公司的股票尽可能分散化，但是工人一方面购股资金不足，另一方面对股票的风险也比较担心，不希望其工资收入和投资收入都来自同一公司，这就使得分散股权的计划难以顺利实施。为保持公司员工工作的积极性，政府决定出售一部分股权给员工。但员工对这一持股计划非常冷淡，在政府决定对员工提供 10% 的折扣后，仍仅有 20% 的员工愿意购买公司的股票。这无疑使该化学公司的管理层对员工未来的努力程度和人力资源状况深表忧虑，而政府又不愿提供更多的折扣来吸引员工购股。

信孚银行研究发展部认为，如果能设计一套方案，让工人持股后既享有股票涨价带来的利益，又能同时保证其免受跌价损失，问题就可以迎刃而解。同年 7 月，信孚银行为此设计出一套完整的解决方案，向法国财政部以及 R-P 公司提出申请，并最终成功地承办了该公司私有化的金融服务。

信孚银行的具体操作办法是：由它出面负责向员工安排购股融资，每名员工凡购买 1 股，一家法国银行就可借予其资金再购 9 股。股票认购后至少需持有 5 年，5 年后若股票市价下跌至原购买价以下，信孚银行则保证将以该价购入；若股价上涨，收益中 2/3 归持股人，另 1/3 将归信孚银行所有。

信孚银行以借贷员工所购的公司股票作抵押，向一家法国银行申请贷款。5 年后若股价下跌至原购买价以下，它承诺补偿跌价部分。由于信孚银行资信等级是标准普尔 AA 级的，因此能较顺利地获得法国银行的贷款。而对员工来说，既能利用贷款购买股票，又能充分避免投资风险，因而认购踊跃，申购数量大大超过出售股票数量。

当然信孚银行自己也面临风险，即 5 年后如股票真的跌至原购买价以下，它将蒙受损失。对此，信孚银行设计出相应的避险技术对冲风险。具体操作思路是，信孚银行将无法预知的 5 年后 R-P 公司股票涨跌率确定为各 50%，在 R-P 公司私有化改造之后，立即卖出员工所购股票的一半，然后根据股市情况和公司状况等因素，持续不断地对 R-P 公司 5 年期股票市价进行评估，对股票进行相应的操作。如股价下跌，就多买一些，使股价上升，反之亦然。

但是，R-P 公司的股票出售后已归其员工所有，并已充当了法国银行贷款的担保品，信孚银行怎么可能买卖自己并不拥有的股票来进行避险操作呢？另外，法国政府也不希望股票售出后立即被大量抛售，这会对本国股市造成较大冲击。那么，该如何解决这个问题呢？信孚银行通过自己创造的衍生金融工具"合成股票"（synthetic product）成功地解决了这一难题。"合成股票"的设计方法受了股票指数期货的启发。"合成股票"的价值与 R-P 公司股票价格挂钩，价值为股票市场上 R-P 公司股票的价格乘以一个固定数额。进行"合成股票"的买卖时，并不涉及实际 R-P 公司股票的买卖，而是采取现金交收的方式。因此，"合成股票"的风险收益与真正的 R-P 公司股票交易完全一样。信孚银行了解到法国证券市场中一批机构投资者希望拥有 R-P 公司的股票，但由于政府的某些限制而未能申购。信孚银行与他们就"合成股票"进行交易，"合成股票"的交易市场得以形成。信孚银行通过这种衍生产品代替股票交易，贯彻其避险策略。

【案例 1. 2】

本 息 分 离 债 券 的 推 出

中长期的付息票债券，如付息票长期国债，对投资者来说，表面上看来有固定的利息收入，可以得到复利的好处，是一种不错的金融资产。但实际上由于信息不对称和交易成本太高，投资者往往不能按时取出利息立即用于再投资，另外由于利息变动的不确定性，也会使投资者的再投资产生利率风险。把付息票债券转换为零息债券就可较好地解决上述问题。

美国美林公司（Mērrill Lynch）早在 1982 年推出名为"TIGR"（treasury investment growth receipts）的金融产品，用来替代付息国债，就很好地解决了利息的转化问题。其具体做法是：

（1）美林公司将美国财政部发行的付息国债的每期票息和到时的现金收入进行重组，转换为数种不同期限只有一次现金流的证券即零息票债券；

（2）美林公司与一家保管银行就重组转换成的零息票债券签订不可撤销的信托协议；

（3）由该保管银行发行这种零息票债券，经美林公司承销出售给投资者。

上述零息票债券是金融工程中一种基础性的创新，对于发行人来说，在到期日之前无须支付利息，能获得最大的现金流好处；同时，还能得到转换套利的目的，因为将固定的较长期的付息债券拆开重组为不同期限的债券，可以获得可观的收入。对投资者来说，在到期日有一笔利息可观的连本带息的现金收入，节约了再投资成本并避免了再投资风险；因为到期日才收到现金利息，因而能得到税收延迟和减免的好处。

【案例 1. 3】

设 计 发 行 流 动 收 益 期 权 票 据

1985 年，美国美林公司为威斯特公司设计发行流动收益期权票据（liquid yield option note，LYON），是金融工程成功运用的又一案例。LYON 实际上是一种多功能的组合债券，它同时具备四种债券性质：

（1）零息债券性。美林公司设计发行的为期15年的每张面值1 000美元的LYON，不付息，发行价为250美元。它如果在到期日（2000年1月21日）前未被发行人赎回，也未由购买者将其换成股票或回售给发行者，则债券持有人到期时可得到1 000美元，其实际收益率为9%。

（2）可转换性。投资者购买LYON可获得转换期权，该期权保证LYON的持有者在其期满前任何时候能将每张债券按4.36的比率换成威斯特公司的股票，LY-ON发行时该公司股票每股价格为52美元，转换价为57.34美元，250/57.34 = 4.36，对发行公司来说有一个约10%的转换溢价，且这个溢价随时间的推移是不断上升的。

（3）可赎回性。LYON的发行人有赎回权，即按事先规定的随时间推移而不断上升的价格有权随时赎回LYON。对这种有利于发行者的赎回期权，也有保护购买者的规定：发行人在1987年6月30日以前不能行使赎回权，除非每股价格上涨到86.01美元以上；对发行人的赎回，持有者可有两种选择，按赎回价让其赎回，或按4.36的比率转换成普通股。

（4）可返售性。LYON在卖出时也给予了购买者以返售期权，使之从1988年6月30日起可以按事先规定的价格将其返售给发行公司。返售价以250美元为计价基础，第一个可返售价保证使返售者获得超过6%的最低收益率，此后，在这个最低收益率的基础上每年增加5% ~9%。

流动收益期权债券很好地体现了金融工程的创新本质，运用工程技术对基础金融工具原有的收益—风险进行分解和重组，LYON这一金融工程实际上是零息债券、可转换债券、赎回期权、返售期权的组合，通过组合创造出全新的风险—收益关系，尽最大可能地满足了投融资双方的需要，兼顾了各方当事人的利益。

通过以上案例，可以看出，通过设计和运用新型的金融产品，可以巧妙地解决许多复杂问题。金融工程就是为解决这类问题提供系统的研究方法和技术手段的一门学科。

三、金融工程的研究范围

金融工程的研究范围主要包括三个方面：

一是新型金融产品和工具的设计与开发，这部分内容相当广泛，也是金融工程最重要的研究领域。从互换、期权、票据发行便利、远期利率协定，到指数期货、备兑权证、证券存托凭证、可转换债券，以及上例所提及的"合成股票"、"本息分离债券"都属此列。由于传统的金融产品已无法满足客户日益细分、独特的风险收益选择的需要，促使"金融工程师们"根据各种不同的具体情况来设计最有针对性的金融产品，同时还要充当或寻找这种产品的交易对象，甚至培育该产品的市场。

二是新型金融手段的开发，例如，运用新技术降低金融运作的成本，根据金融管制的变更改变金融运作的方式，市场套利机会的发掘和利用，发行、交易和清算系统的改进等。如改进证券发行的登记方式，采用电子化交易等，促进了这些系统的成本与时滞最小化，同时也为投资者提供了极大的便利。

三是创造性地为解决某些金融问题提供系统完备的解决办法，如创造性的现金管理策略、债务管理策略、杠杆收购等。案例1.1中，信孚银行为R-P公司的私有化设计的一套思想就属这样的典型案例。

四、金融工程的运作程序

金融工程的运作具有规范化的程序：诊断—分析—开发—定价—交付使用，基本过程程序化。

诊断是指识别金融问题的实质和根源；分析是指根据当前环境情况寻找解决问题的最佳方案；开发指根据需要创造一种新的金融产品，或组合多种金融产品，也可以建立一种新型的金融服务，或者是两者的结合；定价是指金融产品的合理价格的确定；然后交付客户使用。以上各个环节紧密有序，许多被创新的新金融产品，成为运用金融工程创造性解决其他相关金融问题的工具，即组合性产品中的基本单元。

五、金融工程的基本目的

（一）利用风险管理工具和策略降低损失

风险作为遭受损失的可能性，是指经济结果的任何变化，其本质在于经济结果的不确定性。金融工程管理金融风险有两个基本思路：一是用确定性取代不确定性，如远期和期货的运用；二是取代或排除不利风险，保留有利风险，如期权的使用。金融工程通过开发风险管理工具和设计风险管理策略来管理风险。

例如，我国一家出口企业半年后将收到一笔美元外汇，该企业担心美元贬值，怎么办？可以通过远期外汇市场按照固定的汇率（比如1USD：6.98RMB）把美元卖出，兑换成人民币。这样，无论半年后的美元实际汇率如何，该企业的财务状况都不会受到影响。如果半年后美元贬值（比如1：6.93），则该企业通过

金融学科核心课程系列教材

买卖远期外汇避免了 0.05 元人民币的损失。假如半年后美元升值（比如1：7.03）该如何？从直观上看，这笔外汇买卖有点不合算。因为从事后看，该公司每美元少收了 0.05 元人民币的利润。但是考虑到风险转移的目标是用确定性代替不确定性，所以该企业在将潜在的损失转移出去后，也将潜在的利润转移出去，它是转移风险所付出的代价。与之相对照的是，该企业在外汇市场上的交易对手由于承担了相应的风险，就有可能获取利润。

在现实中，人们对风险的态度是不一样的，既有风险厌恶者，也有风险偏好者和风险中性者，风险偏好者愿意承担一些风险并以此赚取利润。从宏观上看，虽然风险从一部分人身上转移到另一部分人身上，在总体上并没有消除，但从微观看，风险的转移意味着风险在市场交易者之间进行了合理配置，提高了市场参与者的总体效用，活跃了金融市场交易。

金融工程与传统的风险管理手段相比具有三个方面比较明显的优势。一是它具有更高的准确性和时效性。二是具有相对的低成本优势。三是具有较大的灵活性。金融工程运用的主要工具是衍生产品，而衍生产品市场上的流动性可以对市场价格变化作出灵活反应，并随基础交易头寸的变动而随时调整，较好地解决了传统风险管理工具处理风险时的时滞问题。衍生产品交易操作时多采用财务杠杆方式，即付出少量资金即可控制大额交易，对于在场内交易的衍生产品而言，由于创造了一个风险转移市场，可以集中处理风险，大大降低了寻找交易对手的信息成本。而交易的标准化和集中性又极大地降低了交易成本。还有一些场外的衍生产品，多数是由金融机构根据客户需要为其"量身定制"的金融新产品，这种灵活性是传统金融工具无法相比的。

（二）通过寻找套利机会实现盈利

金融工程的使用可以帮助投资者去发现市场或对手的缺陷而盈利。市场存在缺陷，是因为市场总是不完美的，它一直处于发展之中。在这里，寻找市场缺陷的含义是非常广泛的；例如，发现两个市场或两种产品之间的差价而获得套利就是寻找市场缺陷而盈利的典型例子，这是金融工程的一项重要应用。这里套利是指人们利用在金融市场上暂时存在的不合理的价格关系，通过同时买进或者卖出相同的或者是相关的金融工具，而赚取其中的价格差异的交易行为。不合理的价格关系包括多种不同情况，其主要有以下三种：（1）同种金融工具在不同金融市场之间存在不合理的价格差异。（2）同一金融工具在不同时间段内的不合理价格差异。（3）相关的金融工具在同一时间段内存在不合理的价格差异。金融工程能帮助投资者抓住稍纵即逝的套利机会而获利。

（三）直接创造价值

金融工程的使用从宏观上会使金融市场更加完全和更有效率，微观上通过提高金融机构资产经营的流动性与安全性，降低代理成本与交易成本来创造价值。这种金融工程创造价值的活动通过定价过程，在金融机构的所有者和客户之间进行分配。

第二节　金融工程产生和发展的背景

从 20 世纪 70 年代以来，西方国家的通货膨胀逐渐加剧，这导致价格、利率以及汇率等宏观经济变量的波动异常剧烈。同时，随着全球经济金融一体化的趋势逐渐加深，资本流动的国际化趋势也日趋明显，并且全球化的发展也使各种金融机构之间的竞争异常激烈。在这些背景下，传统的金融工具难以达到规避风险和提高竞争力的目的，这导致众多金融创新和金融衍生品应运而生，金融工程就是在这一背景下产生的，并在 30 多年的时间里得到迅速发展和完善。

一、经济、金融环境的变化

自 20 世纪 70 年代以来，全球经济环境日趋复杂多变，风险与日俱增，为金融工程提供了萌发的土壤。70 年代初布雷顿森林体系的崩溃使得国际货币体系中的固定汇率被浮动汇率替代，汇率的频繁波动给政府、金融机构、企业和个人都带来了巨大的风险，汇率的变动引起利率和金融资产价格的联动。此外，70 年代两次石油危机冲击之后，国际市场主要商品价格也越来越趋向于不稳定。物价总体水平的波动，使得通货膨胀变得难以预测，企业之间签订的长期贸易合同充满价格风险；在金融领域，物价波动造成名义利率与实际利率相脱节，利率不能真实反映借贷市场上的资金供求状况。在这样的环境下，企业面临着前所未有的风险，急切地寻求规避利率、汇率、价格波动风险的工具，因而就直接导致了一系列风险规避手段和相关金融产品的产生和运用。例如，1973 年石油危机引发的通货膨胀迫使西方国家放松名义利率管制，导致利率波动加大，市场出现了转嫁利率风险的需求，两年后美国便出现了世界上第一手利率期货。因而，为规避风险而引发的金融创新是金融工程产生的重要动因之一。

二、经济主体的内在需求

经济主体在激烈竞争中对金融资产流动性和营利性需求的加大，是金融工程产生与发展的内在动因。金融工程顺应经济主体的需求创新出了一系列金融产品，或增加流动性，或加强风险管理，或增加收益性，或降低企业所有者将资产委托给经营者的代理成本。传统金融工具和方法在收益性、流动性上存在矛盾，但现实的各经济主体在经营活动过程中，都追求资产的高流动性和充分的资金可用能力，以应付各种支付的需求，并在追求流动性的同时，使资产效用最大化。金融工程运用不同流动性含义创造了许多新产品，如货币市场基金、现金管理账户等，一方面使暂时不用的现金投入运用，另一方面保证最大限度地获取现金；另外，利用金融工程的方法设计的各种证券化的产品，使原本没有流动性的资产转化为可以买卖转让的资产。此外，金融工程也被经济主体用来规避政府监管，例如，西方各国都曾经对金融业经营采取过严厉的监管措施，一些金融机构为了逃避监管，充分实现其利润最大化，积极参与各种金融创新。许多金融产品正是逃避监管的产物。例如，在美国，为逃避银行法 Q 条款对存款利率的限制，出现了一些变相的附息活期存款品种；而投资银行为回避政府对其涉足商业银行业务的限制，则通过设计出大额可转让存单来争取存款。

三、信息技术进步的影响

现代科学技术的发展，特别是计算机与通信技术的快速发展，为金融工程提供了开发和使用金融工具、解决金融问题的有效手段，推动了金融工程的迅速发展。计算机的大规模运算和数据处理能力以及远程通信技术，使实施大型金融工程设计成为可能。计算机与通信技术的飞速发展使金融变量变动加快、风险增加，对金融工程的需求也随之增加，而且加上以人工智能力代表的复杂计算能力的增强，使许多需要高精技术的金融创新成为可能，许多理论模型获得了得以实际运用的条件，并能够模拟检验，从供给方面给予金融工程发展以技术支持。

由于计算机和通信技术在金融业的普遍使用，使得信息传递、交易清算非常迅捷，交易成本不断降低，各国的金融市场更紧密地联系在一起，大大地提高了金融市场的效率，由此产生的国际间套利机会，为金融工程的实施提供了广阔的空间。例如，一宗 1 万股交易，交易价格为 100 美元的股票 20 世纪 70 年代的交易成本为每股 1 美元，90 年代则已降至 2 美分，如果某股票在两个市场上存在

0.10 美元的价差，那么 20 世纪 70 年代初则不存在套利机会，而对 90 年代的金融工程师来说却存在重要的套利机会，并需要开发出相应的交易策略。

四、金融理论的发展

金融理论的发展是金融工程得以确立的基础。20 世纪 50 年代以前，金融理论基本处于对事物的定性分析，即描述性阶段。现代金融理论越来越多地运用数学、模型分析法，侧重于定量分析，越来越多地从微观层面对金融进行研究。一般认为，现代金融理论始于 20 世纪 50 年代。1952 年，马科维茨（Markowitz）在《金融杂志》上发表了资产组合选择一文，把投资的收益或回报定义为其可能结果的期望值，把风险定义为平均值的方差，这种均值—方差模型使数理统计方法可以应用到资产组合选择的研究中。该理论奠定了现代金融定量分析的基础。

1958 年，莫迪利安尼（F. Modigliani）、默顿·米勒（M. H. Miller）提出了现代企业金融资本结构理论的基石——MM 定理，其中的无套利分析方法将金融学从经济学中分离出来。

20 世纪 60 年代，资本资产定价模型（CAPM）这一理论与同时期的套利定价模型（APT）标志着现代金融理论走向成熟。

70 年代，美国经济学家罗伯特·默顿（Robert Merton）在金融学的研究中总结和发展了一系列理论，为金融的工程化发展奠定了坚实的数学基础，取得了一系列突破性的成果。

1973 年，费雪·布莱克（Fisher Black）和麦隆·舒尔斯（Myron Scholes）成功推导出欧式期权定价的一般模型，为期权在金融工程领域内的广泛应用铺平道路，成为在金融工程化研究领域最具有革命性的里程碑式的成果。

80 年代，达莱尔·达菲（Darrell Duffie）在不完全资本市场一般均衡理论方面的经济学研究证明了金融创新和金融工程的合理性及对提高社会资本资源配置效率的重大意义，为金融创新和金融工程的发展提供了重要的理论支持。90 年代信用风险模型成为金融工程领域的最新发展趋势。

第三节　金融工程的基本分析方法

金融工程的主要分析方法有积木分析法、无套利定价法和风险中性定价法。

一、积木分析法

积木分析法也叫模块分析法，指将各种金融产品进行分解和组合，以解决金融问题。"积木"是一种比喻的说法，就像儿童拿着不同的积木或者用不同的摆法创造出神奇的"建筑物"一样，金融工程师运用他的"金融积木箱"中的积木——各种金融产品（主要是衍生产品）来解决金融现实问题。一般来说，积木分析法主要是以金融产品的回报（payoff）图来作为"积木"进行金融产品的分拆和组合。

积木分析法要运用到分解、组合、整合技术，它把各种金融产品看做零部件，采用不同的方式组装起来，创造出具有特殊流动性和收益与风险特性的新型金融产品，并以此来满足客户的需要。分解技术主要是在现有金融产品基础上，通过拆分风险进行结构分解，使其风险因素与原工具分离，从而创造出若干新型金融产品，以满足不同偏好投资人的需求。组合技术主要是在同一类金融工具或产品之间进行搭配，通过构造对冲头寸规避或抑制风险暴露，以满足不同风险管理者的需求。整合技术主要是在不同种类的金融产品之间进行融合，使其形成具有特殊作用的新型混合金融产品，以满足投资人或发行人的多样化需求。

二、无套利定价方法

金融工程要涉及对衍生产品的定价，衍生产品的定价往往要用到相对定价法，相对定价法是利用基础产品价格与衍生产品价格之间的内在关系，直接根据基础产品价格求出衍生产品价格。相对定价法在定价公式中没有风险偏好等主观的变量，因此比较容易测度，而且它贴近市场。无套利分析方法以"相对定价"为核心，寻求各种近似替代品价格之间的合理联系，通过对"无套利"目标的追求确定合理的市场价格。无套利定价法既是一种定价的方法，也是定价理论中最基本的原则之一。

（一）无套利定价的思想

套利是指在某项金融资产的交易过程中，利用一个或多个市场存在的价格差异，交易者可以在不需要期初投资支出的条件下获取无风险报酬。例如同一资产在两个不同的市场上进行交易，但各个市场上的交易价格不同。这时，交易者可以在一个市场上低价买进，然后立即在另一个市场上高价卖出。如果市场是有效率的话，市场价格必然由于套利行为作出相应的调整，重新回到均衡的状态。这就是无套利的定价原则。无套利定价的思想是在有效的金融市场上，任何一项金融资产的定价，应当使得利用该项金融资产进行套利的机会不复存在。也就是说，如果某项金融资产的定价不合理，市场必然出现以该项资产进行套利活动的机会，人们的套利活动会促使该资产的价格趋向合理，并最终使套利机会消失。在套利无法获取无风险超额收益的状态下，市场达到无套利均衡，此时得到的价格即为无套利价格。

（二）　无风险套利机会的等价条件

（1）存在两个不同的资产组合，它们的未来回报相同，但它们的成本却不同。

（2）存在两个相同成本的资产组合，但是第一个组合在所有的可能状态下的损益都不低于第二个组合，而且至少存在一种状态，在此状态下第一个组合的损益要大于第二个组合的支付。

（3）一个组合其构建的成本为零，但在所有可能状态下，这个组合的损益都不小于零，而且至少存在一种状态，在此状态下这个组合的损益要大于零。

（三）　无风险套利机会的等价性推论

1. 同损益同价格

如果两种资产具有相同的损益，则这两种资产具有相同的价格。

2. 静态组合复制定价

如果一个资产组合的损益等同于一个证券，那么这个资产组合的价格等于证券的价格。这个资产组合称为证券的"复制组合"（replicating portfolio）。

3. 动态组合复制定价

如果一个自融资（self-financing）交易策略最后具有和一个证券相同的损益，那么这个证券的价格等于自融资交易策略的成本。这称为动态套期保值策略（dynamic hedging strategy）。

（四）　无套利定价方法

无套利定价方法是一种对金融市场中的某项"头寸"进行估值和定价的方法，其采用的基本思路是用市场中其他金融资产的头寸复制该"头寸"的收益，并在市场均衡条件下，求出复制证券组合的价格，由此测算出该项头寸在市场均衡时的均衡价格。市场的价格均衡于市场不存在套利机会。也就是说，在金融市场中任意选取一项金融资产，如果可以找到另外一些金融资产，按适当的比重把它们组合起来，得到的组合在未来任何情况下产生的现金流都与原来那个金融资产未来的现金流相同，则这个组合就成为原来那个金融资产的复制品，原来那个金融资产就是这个组合的被复制品。复制品与被复制品的市场价值即均衡价格应该相等，如果不相等，就出现了无风险的套利机会。套利机会的出现意味着复制品和被复制品市场价格失衡，即价格偏离了由供需关系所决定的价值。而套利力量将会推动市场重建均衡。市场一回到均衡状态，套利机会就消失，而如果金融产品的市场价格是均衡的，就意味着不存在套利机会，反之亦然。这样的分析方法称为无套利定价方法。

无套利定价机制的主要特征有：

其一，无套利定价原则首先要求套利活动在无风险的状态下进行。当然，在实际的交易活动中，纯粹零风险的套利活动比较罕见。因此实际的交易者在套利时往往不要求零风险，所以实际的套利活动有相当大的一部分是风险套利。

其二，无套利定价的关键技术是所谓"复制"技术，即用一组证券来复制另外一组证券。复制技术的要点是使复制组合的现金流特征与被复制组合的现金流特征完全一致。

其三，无风险的套利活动从即时现金流看是零投资组合，即开始时套利者不需要任何资金的投入，在投资期间也没有任何的维持成本。

【例1.1】　假设美元1年期利率为3%（1年计1次复利，下同），欧元的1年期利率为5%。外汇市场上美元与欧元的即期汇率是1美元兑换0.9欧元，那么1年期的远期汇率是否还是1:0.9呢？

假设1年期的远期汇率还是1:0.9的话，套利者可以借入1美元，1年后需要归还1.03美元，然后套利者将借入的1美元在即期市场上兑换成0.9欧元并存1年，到期可以得到0.945欧元。同时在远期市场上按照1:0.9的远期汇率卖出0.945欧元，1年后可换回1.05美元，因此存在套利的机会。套利机会的存在说明1:0.9不是均衡的远期外汇价格。

那么无套利的远期汇率应该是多少呢？按照无套利均衡分析方法，其要点是：如果一个借入1美元的交易者无论是否进行套利，其1年后的最终价值都相等，套利活动就无法获得无风险收益，套利活动将消失，市场就达到了无套利均衡。在本例中，套利者借入1美元后，如果不进行套利活动，1年后将得到1.03美元。如果实施了套利活动，在即期市场上卖出美元并存入1年期欧元，1年后将得到0.945欧元。显然，只有当1年后的1.03美元和0.945欧元等值，即远期汇率为1:0.917时，套利者才无利可套，此时市场上才不存在套利机会。因此，无套利机会的远期汇率是1:0.917。

【例1.2】　假设3种零息票债券的面值都为100元，它们当前的市场价格分别为：①1 年后到期的零息票债券的当前价格为 98 元；②2 年后到期的零息票债券的当前价格为 96 元；③3 年后到期的零息票债券的当前价格为 94 元。假设不考虑交易成本和违约情况。试问：

（1）如果有一个债券 A 的息票率为 10%，1 年支付 1 次利息，期限为 3 年。债券 A 当前的市场价格应该为多少？

（2）如果债券 A 当前的市场价格为 121 元，是否有套利机会？如果有，如何套利？

解：问题（1）构造相同损益的复制组合为：购买 0.1 张的 1 年后到期的零息票债券，其损益刚好为 $100 \times 0.1 = 10$（元）；购买 0.1 张的 2 年后到期的零息票债券，其损益刚好为 $100 \times 0.1 = 10$（元）；购买 1.1 张的 1 年后到期的零息票债券，其损益刚好为 $100 \times 1.1 = 110$（元）；因此根据无套利定价原理的推论，具有相同损益情况下证券的价格就是复制组合的价格，所以息票率为 10%，1 年支付 1 次利息的 3 年后到期的债券的当前价格应该为：

$$0.1 \times 98 + 0.1 \times 96 + 1.1 \times 94 = 122.8（元）$$

问题（2）债券 A 的当前价格 121 元，小于应该价格 122.8 元，因此根据无套利定价理论，存在套利机会。当前市场价格为 121 元，而无套利定价的价格为 122.8 元，所以市场低估了这个债券的价值，然后卖空复制组合。即基本的套利策略为：买进 1 张息票率为 10%，1 年支付 1 次利息的 3 年后到期的债券 A；卖空 0.1 张的 1 年后到期的零息票债券；卖空 0.1 张的 2 年后到期的零息票债券；卖空 1.1 张的 3 年后到期的零息票债券。通过以上过程，可以获得无风险利润 $122.8 - 121 = 1.8$（元）。

三、风险中性定价方法

风险中性定价方法表达了资本市场中的一个结论：在市场不存在套利可能性的条件下，如果衍生产品的价格依然依赖于可交易的基础产品，那么这个衍生产品的价格是与投资者的风险态度无关的。这个结论在数学上表现为衍生产品定价的微分方程中并不包含有受投资者风险态度影响的变量，尤其是期望收益率。

风险中性价理论是约翰·考克斯（John Carrington Cox）和斯蒂芬·罗斯（Stephen A. Ross）于 1976 年推导期权定价公式时建立的。由于这种定价方法与投资者的风险制度无关，从而推广到对任何衍生产品都适用，所以在以后的衍生产品的定价推导中，都接受了这样的前提条件，就是所有投资者都是风险中性的，或者是在一个风险中性的经济环境中决定价格，并且这个价格的决定，又是

金融学科核心课程系列教材

适用于任何一种风险态度的投资者。

　　关于这个原理，有着一些不同的解释，从而更清晰了衍生产品定价的分析过程。首先，在风险中性的经济环境中，投资者并不要求任何的风险补偿或风险报酬，所以基础产品与衍生产品的期望收益率都恰好等于无风险利率；其次，正由于不存在任何的风险补偿或风险报酬，市场的贴现率也恰好等于无风险利率，所以基础产品或衍生产品的任何盈亏经无风险利率的贴现就是它们的现值。

关 键 词 汇

金融工程　套利　积木分析法　无套利定价法　风险中性定价法

思　考　题

1. 金融工程的研究范围是什么？

2. 金融工程管理风险的优势是什么？

3. 技术进步对金融工程的发展起到什么作用？

4. 什么是无套利定价法？

5. 假定外汇市场美元兑换人民币的即期汇率是 1 美元换 6.3 元，美元利率是 6%，人民币利率是 5%，试问 1 年后远期无套利的均衡汇率是多少？

6. 假设 3 种零息票债券的面值都为 100 元，它们当前的市场价格分别为：1 年后到期的零息票债券的当前价格为 97 元；2 年后到期的零息票债券的当前价格为 95 元；3 年后到期的零息票债券的当前价格为 93 元。假设不考虑交易成本和违约情况。试问：

　　（1）如果有一个债券 A 的息票率为 10%，1 年支付 1 次利息，期限为 3 年。债券 A 当前的市场价格应该为多少？

　　（2）如果债券 A 当前的市场价格为 116 元，是否有套利机会？如果有，如何套利？

7. 假设两个零息票债券 A 和 B，两者都是在 1 年后的同一天到期，其面值为 100 元（到期时都获得 100 元现金流）。如果债券 A 的当前价格为 97 元，并假设不考虑交易成本和违约情况。

　　问题：

　　（1）债券 B 的当前价格应该为多少呢？

　　（2）如果债券 B 的当前价格只有 97.5 元，问是否存在套利机会？如果有，如何套利？

第二章　远期和期货合约概述

远期和期货都是针对未来某个时点的交易，都是重要的金融衍生工具，它们有很多相似之处，所以一起介绍。本章将介绍这两个金融衍生工具概念、交易制度和种类等，最后指出两者的差异。

第一节　远期合约

远期合约是 20 世纪 80 年代初兴起的一种保值工具，它是一种交易双方约定在未来的某一确定时间，以确定的价格买卖一定数量的某种资产的合约。远期合约指合约双方同意在未来日期按照固定价格交换资产的合约，承诺以当前约定的条件在未来进行交易的合约，会指明买卖的商品或金融工具的种类、价格及交割结算日期。一般合约会规定将来交易的资产、交易的日期、交易的价格和数量，但合约条款也会因合约双方的需要不同而不同。远期合约较即期合约交易周期长，时间跨度大，所蕴涵的不确定性因素多，加之远期合约成交量及持仓量不如即期合约大，流动性相对差一些，因此呈现远期合约价格波动较即期合约价格波动剧烈且频繁。

远期合约与即期合约（spot contract）不同，即期合约是指在当前时刻就要买入或卖出资产的合约，而远期合约则是在未来买入或卖出资产。在远期合约中，同意在将来某一时刻以某一约定价格买入资产的一方被称为多头（long position），远期合约中的另一方同意在将来某一时刻以同一约定价格卖出资产，这一方被称为空头（short position）。

一、远期合约的盈亏

那远期合约是怎么实现盈亏的呢？考虑中国某出口企业在 2017 年 3 月 23 日和中国银行签订了这样一个远期合约，3 个月后将把 100 万美元在中国银行兑换

金融学科核心课程系列教材

成人民币（价格如表 2.1 所示，为 692.50 元人民币/100 美元，此合约称为远期外汇合约）。假定 3 个月后人民币升值，银行给出的外汇牌价为 687.30 元人民币/100 美元，可以看到，出口企业执行远期合约 100 万美元可以换到 692.50 万元人民币，但若将 100 万美元直接在银行按 2017 年 6 月 23 日的汇率兑换则可以得到 687.30 万元人民币，此时出口企业就从远期合约中盈利 5.2 万元人民币（692.50 - 687.30）；当然如果相反，3 个月后人民币贬值，银行给出的外汇牌价为 696.60 元人民币/100 美元，可以看到，出口企业执行远期合约 100 万美元可以换到 692.50 万元人民币，但若将 100 万美元直接在银行按 2017 年 6 月 23 日的汇率兑换则可以得到 696.60 万元人民币，此时出口企业就从远期合约中亏损 4.1 万元人民币（692.50 - 696.60）。

表 2.1　　　　2017 年 3 月 23 日美元远期外汇报价（人民币/100 美元）

期限		美元
7 天	买入	688.56
	卖出	688.73
1 个月	买入	689.82
	卖出	689.94
3 个月	买入	692.50
	卖出	692.68
6 个月	买入	695.68
	卖出	696.02
9 个月	买入	698.35
	卖出	698.89
12 个月	买入	700.98
	卖出	701.52

资料来源：http://www.kvbfinance.com/DataCenter/ForwardData.aspx。

假定签订远期合约时资产远期价格为 K，远期合约到期时资产的价格为 S_T。对于远期合约的多方，在合约到期时合约约定多方必须以 K 的价格买入价值为 S_T 的资产。每一单位的合约收益为：

$$S_T - K$$

同样，对于远期合约的空方来讲，每一单位的合约所带来的收益为：

$$K - S_T$$

以上所列的两项收益可正可负，就是远期合约所有的盈利或亏损（见图 2.1）。

金融学科核心课程系列教材

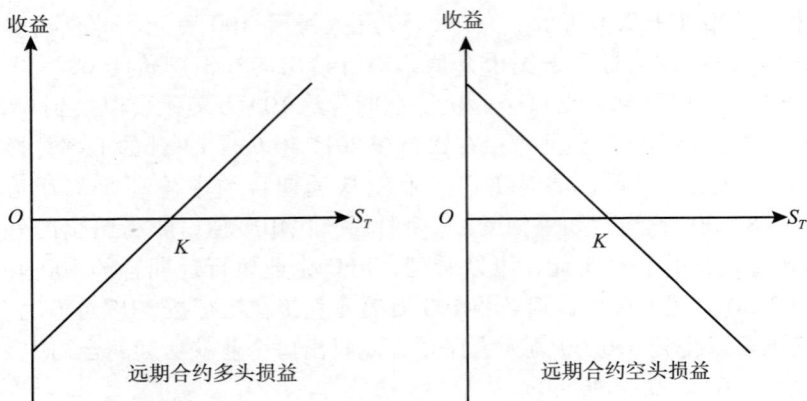

图 2.1　远期合约的盈亏

注：远期合约执行价格为 K，到期时资产的价格为 S_T。

二、远期合约的特征

远期合约的交易主要有两大特征：场外交易和非标准化合约。

场外交易（over-the-counter，OTC）是指非上市或上市的证券，不在交易所内进行交易而在场外市场进行交易的活动，或是私下以高于或低于供销会上规定的价格或附有其他条件（如搭配次货、以物易物等）的价格达成的交易，又称店头交易或柜台交易。与之对应的是场内交易，又称交易所交易，指所有的供求方集中在交易所进行竞价交易的交易方式。场外交易没有集中的交易场所，场外交易市场是由众多企业、证券公司、投资公司以及普通投资者分别交易组成的，它基本属于一个分散且无固定交易场所的无形市场。在现代社会，场外交易更多地借助现代通信技术和通信网络，但许多交易依然依赖着直接协商交易的原则。场外交易是开放型交易，无论借助当面协商或者电话通信等方式，投资者总可以在某一价位上买进或者卖出所持证券。参加场外交易的主体不全是证券公司，投资者可以委托证券公司代其买进或卖出证券，也可以自行寻找交易对方，还可以与证券公司进行直接交易，完全不受证券交易大厅的地理或位置限制。场外交易的证券品种多样，场外交易的证券品种通常都是非上市证券，它们无须符合集中市场管理者发布的、严格的上市条件，故其数量庞大。与上市证券相比，场外交易的证券种类更加丰富、多样。场外交易主要以协商定价方式成交，按照一对一方式确定证券价格，成交价格取决于交易双方协商。一些场合下，证券交易价格是由交易各方反复协商而确定价格的；而另一些场合下，证券价格虽是由一方挂牌

金融学科核心课程系列教材

出价的，但依然可根据市场情况以及交易对方的接受程度加以调整，依然存在着协商定价的机会。

远期合约是非标准化合约。标准化合约是指其标的物（基础资产）的交易价格、交易时间、资产特征、交易方式等都是事先标准化的，因此此类合约大多在交易所上市交易。非标准化合约是指以上各项由交易的双方自行约定，因此具有很强的灵活性，远期合约可以根据每个使用者的不同需求设计出不同内容的产品。同时，为了满足客户的具体要求、出售远期合约的金融机构需要有高超的金融技术和风险管理能力。非标准化合约不是自动撮合成交的，是选择交易成交。想成交有两种方法：挂单，把自己要买、卖的合约用挂单的方式放在交易平台上，等着别人来选择和你成交，也叫做被动成交；点单，看到合适的买、卖合约就点击，选择成交，也叫做主动成交。这两种方法，各有各的好处，挂单的好处是，交易不会出差错，缺点是行情突然变化时，有时来不及撤单，容易造成损失或者贻误战机。而点单正好相反，没有撤单的风险，但是存在点错单子的风险。

三、金融远期合约的类别

金融远期合约是交易双方在场外市场上通过协议，按照约定价格在约定的未来的日期买卖某种标的金融资产的合约。

根据基础资产划分，常见的金融远期合约包括四个大类。

（一）股权类资产的远期合约

股权类资产的远期合约包括单个股票的远期合约、一揽子股票的远期合约和股票价格指数的远期合约三个子类（股票价格指数是描述股票市场总的价格水平变化的指标。它是选取有代表性的一组股票，把它们的价格进行加权平均，通过一定的计算得到。各种指数具体的股票选取和计算方法是不同的）。

（二）债券类资产的远期合约

债券类资产的远期合约主要包括定期存款单、短期债券、长期债券、商业票据等固定收益证券的远期合约。

（三）远期利率协议

远期利率协议是指按照约定的名义本金，交易双方在约定的未来日期支付浮动利率或固定利率的远期合约。远期利率协议是指交易双方约定在未来某一期间内在一定名义本金基础上分别以合同利率和参考利率计算的利息的金融合约。其中，远期利率协议的买方支付以合同利率计算的利息，卖方支付以参考利率计算的利息。

（四）远期汇率协议

远期汇率协议是指按照约定的名义本金，交易双方在约定的未来日期交换支付浮动汇率和固定汇率的远期协议。

此外还有一种复合的远期合约叫远期外汇综合协议，它是指双方约定买方在结算日按照合同中规定的结算日直接远期汇率用第二货币向卖方买入一定名义金额的原货币，然后在到期日再按合同中规定的到期日直接远期汇率把一定名义金额的原货币出售给卖方的协议。即从未来某个时点起算的远期外汇协议，在当前约定未来某个时点的远期汇率，其实质是远期的远期。远期外汇综合协议实际上是名义上的远期对远期掉期交易。实际中通常双方在当前 t 时刻约定买方在结算日 T 时刻按照协议中规定的结算日直接远期汇率 K 用第二货币向卖方买入一定名义金额 A 的原货币，然后在到期日 T^* 时刻再按合同中规定的到期日直接远期汇率 K^* 把一定名义金额（在这里假定也为 A）的原货币出售给卖方。在这里，所有的汇率均指用第二货币表示的一单位原货币的汇率。通常把原货币简称为外币，把第二货币简称为本币。远期外汇综合协议与远期利率协议的最大区别在于：前者的保值或投机目标是两种货币间的利率差以及由此决定的远期差价，后者的目标则是一国利率的绝对水平。

但两者也有很多相似之处：

（1）标价方式都是 $m \times n$，其中 m 表示合同签订日到结算日的时间，n 表示合同签订日至到期日的时间。

（2）两者都有 5 个时点，即合同签订日、起算日、确定日、结算日、到期日，而且有关规定均相同。

（3）名义本金均不交换。

第二节 期货合约

期货的英文为 Futures，是由"未来"一词演化而来，其含义是：交易双方不必在买卖发生的初期就交收实货，而是共同约定在未来的某一时候交收实货，因此中国人就称其为"期货"。期货合约的交易双方并不一定知道交易对手，交易所设定了一套机制来保证交易双方履行合约承诺。

最初的期货交易是从现货远期交易发展而来，最初的现货远期交易是双方口头承诺在某一时间交收一定数量的商品，后来随着交易范围的扩大，口头承诺逐渐被买卖契约代替。这种契约行为日益复杂化，需要有中间人担保，以便监督买卖双方按期交货和付款，于是便出现了 1571 年伦敦开设的世界第一家商品远期合同交易所——皇家交易所。为了适应商品经济的不断发展，1848 年，82 位商人发起设立了芝加哥期货交易所（CBOT），目的是改进运输与储存条件，为会员提供信息；1851 年芝加哥期货交易所引进远期合同；1865 年芝加哥谷物交易所推出了一种被称为"期货合约"的标准化协议，取代原先沿用的远期合同。使用这种标准化合约，允许合约转手买卖，并逐步完善了保证金制度，于是一种专门买卖标准化合约的期货市场形成了，期货成为投资者的一种投资理财工具。1882 年交易所允许以对冲方式免除履约责任，增加了期货交易的流动性。

期货是包含金融工具或未来交割实物商品销售（一般在商品交易所进行）的金融合约。期货是一种跨越时间的交易方式，买卖双方透过签订标准化合约（期货合约），同意按指定的时间、价格与其他交易条件，交收指定数量的现货。通常期货集中在期货交易所进行买卖，但亦有部分期货合约可透过柜台交易（over the counter，OTC）进行买卖。

一、期货与现货的关系

现货交易是买卖成交后卖方立即付货收款，或先付货，买方在极短的期限内付款的交易方式，通行的是一手交钱一手交货，或者以货易货。现货交易一般适用于农副产品买卖、小额批发和零售交易。我国的零售企业现货交易，一般采取一手交货一手收钱、银货两讫的方式；批发企业现货交易，除采取一手交货一手收钱的方式外，还采取通过银行托收承付的方式在限期内结算。现货交易的特点有：（1）在交易的目的上，是为了获得商品的所有权；（2）在交易方式上，一般通过一对一的双方谈判进行，不必集中在特定的时间和地点。

期货合约，就是指由期货交易所统一制定的、规定在将来某一特定的时间和地点交割一定数量标的物的标准化合约。期货与现货最直接的关系是通过到期交割连接起来的，期货到期以后也就转成现货，期货到期价格一般都会与现货价格相当或持平。期转现交易是期货交易里面的一种特例，简单地说就是根据买卖双方的意向，在期货合约到期前提前完成交割的一种现象。若在交割时间内期货的价格高于即期价格，投资者可以通过以下投资组合来进行无风险套利：

（1）卖出一个期货合约（即持有空头）；

（2）买入资产；

（3）进行交割。

以上投资组合可获得无风险利润（它等于期货价格高于即期价格的余额），随着套利者持续套利，将使期货价格下降，现货价格上升，最终使两者相等。同理若在交割时间内期货的价格低于即期价格，套利者通过交易也最终使两者相等。因此，在交割期限内，期货价格与即期价格会十分接近。图 2.2 说明了期货价格收敛于即期价格。在图 2.2a 中，在交割期之前，期货价格高于即期价格；在图 2.2b 中，在交割期之前，期货价格低于即期价格。

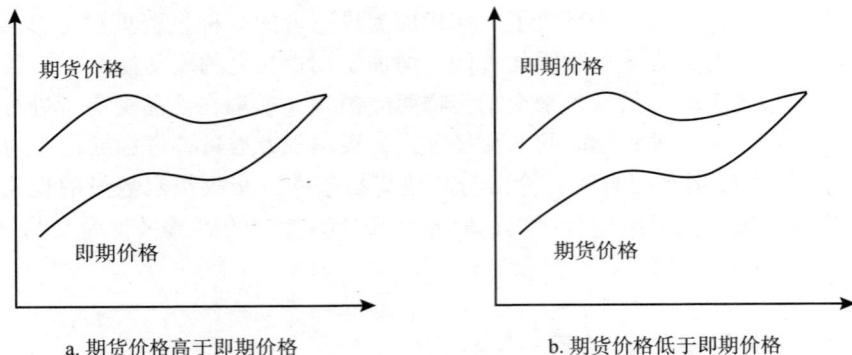

　　a. 期货价格高于即期价格　　　　　　　　b. 期货价格低于即期价格

图 2.2　随着交割日期临近，期货价格与即期价格之间的关系

二、期货的类别

期货大致分为两大类：商品期货与金融期货（见表 2.2）。商品期货的主要品种可以分为农产品期货、金属期货（包括基础金属与贵金属期货）、能源期货三大类。农产品期货包括大豆、豆油、豆粕、籼稻、小麦、玉米、棉花、白糖、咖啡、猪肉、菜籽油、棕榈油等。金属期货包含铜、铝、锡、铅、锌、镍、黄金、白银、螺纹钢、线材等。能源期货如原油（塑料、PTA、PVC）、汽油（甲醇）、燃料油。新兴能源期货品种包括气温、二氧化碳排放配额、天然橡胶等。金融期货的主要品种可以分为外汇期货、利率期货（包括中长期债券期货和短期利率期货）和股指期货。

所谓股指期货，就是以股票指数为标的物的期货。双方交易的是一定期限后的股票指数价格水平，通过现金结算差价来进行交割，如英国 FTSE 指数、德国

DAX 指数、东京日经平均指数、香港恒生指数、沪深 300 指数。

所谓利率期货，是指以债券类证券为标的物的期货合约，它可以规避银行利率波动所引起的证券价格变动的风险。利率期货的种类繁多，分类方法也有多种。通常，按照合约标的的期限，利率期货可分为短期利率期货和长期利率期货两大类。

所谓外汇期货，是指以汇率为标的物的期货合约，用来规避汇率风险。它是金融期货中最早出现的品种。目前，外汇期货交易的主要品种有美元、英镑、德国马克、日元、瑞士法郎、加拿大元、澳大利亚元、法国法郎、荷兰盾等。外汇期货的主要市场在美国。

表 2.2　　　　　　　　　　　期货的主要类别

期货	商品期货	农产品期货
		金属期货（基础金属期货、贵金属期货）
		能源期货
	金融期货	外汇期货
		利率期货（中长期债券期货、短期利率期货）

三、期货合约的内容

期货合约是标准合约，交易所会详细规定合约的具体条款，如交易品种、交易单位、报价单位、最小变动价位、每日价格最大波动限制、交割月份、交易时间、最后交易日、交割日期、交割品级、交割地点、最低交易保证金、交易手续费、交割方式、交易代码等。期货合约附件与期货合约具有同等法律效力。

（一）交易品种

交易品种指期货合约交易的标的物，如合约所代表的玉米、铜、石油等。并不是所有的商品都适合做期货交易、在众多的实物商品中，一般而言只有具备下列属性的商品才能作为期货合约的上市品种：

一是价格波动大。只有商品的价格波动较大，意图回避价格风险的交易者才需要利用远期价格先把价格确定下来。如果商品价格基本不变，例如，商品实行的是垄断价格或计划价格。商品经营者就没有必要利用期货交易固定价格或锁定成本。

二是供需量大。期货市场功能的发挥是以商品供需双方广泛参加交易为前提的，只有现货供需量大的商品才能在大范围进行充分竞争，形成权威价格。

三是易于分级和标准化。期货合约事先规定了交割商品的质量标准，因此，期货品种必须是质量稳定的商品，否则，就难以进行标准化。

四是易于储存、运输。商品期货一般都是远期交割的商品，这就要求这些商品易于储存、不易变质、便于运输，保证期货实物交割的顺利进行。

根据交易品种，期货交易可分为两大类：商品期货和金融期货。以实物商品，如玉米、小麦、铜、铝等作为期货品种的属商品期货。以金融产品，如汇率、利率、股票指数等作为期货品种的属于金融期货。金融期货品种一般不存在质量问题，交割也大多采用差价结算的现金交割方式。上市品种主要有股指、外汇和债券等。2010 年 4 月 16 日，沪深 300 股指期货在中金所成功上市标志着我国金融期货市场的开始。

（二）质量和等级条款

商品期货合约规定了统一的、标准化的质量等级，一般采用被国际上普遍认可的商品质量等级标准。例如，由于我国黄豆在国际贸易中所占的比例比较大，所以在日本名古屋谷物交易所就以我国产黄豆为该交易所黄豆质量等级的标准品。有时也允许用备选资产按一定标准代替标准资产，备选资产也会说明资产的等级或其他交割地点等。在郑州商品交易所的一号棉花期货合约标准交割品为符合 GB1103 - 1999 规定的 328B 级国产锯齿细绒白棉；替代品及升贴水为符合 GB1103 - 1999 规定的国产锯齿细绒白棉一级升水 450 元/吨，二级升水 300 元/吨，四级贴水 600 元/吨。

（三）交易数量和单位条款

每种期货合约规定了统一的、标准化的数量和数量单位，统称交易单位。例如，美国芝加哥期货交易所规定小麦期货合约的交易单位为 5 000 蒲式耳（每蒲式耳小麦约为 27.24 公斤），每张小麦期货合约都是如此。如果交易者在该交易所买进一张（也称一手）小麦期货合约，就意味着在合约到期日需买进 5 000 蒲式耳小麦，在我国金融期货交易所交易的以沪深 300 指数为标的的股指期货每一点为 300 元，一张合约则要几十万元。

（四）最小变动价位

最小变动价位是指期货交易时买卖双方报价所允许的最小变动幅度，每次报价时价格的变动必须是这个最小变动价位的整数倍。

金融学科核心课程系列教材

（五）交割月份

商品期货合约对进行实物交割的月份作了规定，一般规定几个交割月份，由交易者自行选择。例如，美国芝加哥期货交易所为小麦期货合约规定的交割月份就有 7 月、9 月、12 月，以及下一年的 3 月和 5 月，交易者可自行选择交易月份进行交易。如果交易者买进 7 月份的合约，要么 7 月前平仓了结交易，要么 7 月份进行实物交割。

（六）交割地点

期货合约为期货交易的实物交割指定了标准化的、统一的实物商品的交割仓库，以保证实物交割的正常进行。

（七）最后交易日条款

指期货合约停止买卖的最后截止日期。每种期货合约都有一定的月份限制，到了合约月份的一定日期，就要停止合约的买卖，准备进行实物交割。例如，芝加哥期货交易所规定，玉米、大豆、豆粕、豆油、小麦期货的最后交易日为交割月最后营业日往回数的第七个营业日。表 2.3 是郑州商品交易所一号棉花期货合约的内容。

表 2.3　　　　　　　郑州商品交易所一号棉花期货合约的内容

交易单位	5 吨/手（公定重量）
报价单位	元（人民币）/吨
最小变动价位	5 元/吨
每日价格最大波动限制	不超过上一交易日结算价 ±4%
合约交割月份	1、3、5、7、9、11 月
交易时间	星期一至星期五上午：9：00～11：30
	（法定节假日除外）下午：1：30～3：00
最后交易日	合约交割月份的第 10 个交易日
交割日	合约交割月份的第 12 个交易日
交割品级	基准交割品：328B 级国产锯齿细绒白棉（符合 GB1103 - 1999）
	替代品及其升贴水，详见交易所交割细则
交割地点	交易所指定棉花交割仓库
最低交易保证金	合约价值的 5%
交易手续费	8 元/手（含风险准备金）

右侧边栏：

续表

交割方式	实物交割
交易代码	CF
上市交易所	郑州商品交易所

四、期货交易的基本制度

期货作为一种投资，期货交易的运行已经形成了一套比较完善的运行机制，下面对期货交易的基本制度做简单的介绍。

（一）保证金制度

保证金制度（margin system），也称押金制度，指清算所规定的达成期货交易的买方或卖方，应交纳履约保证金的制度。在期货交易中，任何交易者必须按照其所买卖期货合约价格的一定比例（通常为5%~10%）交纳资金，作为其履行期货合约的财力担保，然后才能参与期货合约的买卖，并视价格确定是否追加资金，这种制度就是保证金制度，所交的资金就是保证金。保证金制度既体现了期货交易特有的"杠杆效应"，同时也成为交易所控制期货交易风险的一种重要手段。如果投资者有2 000元现金在一个保证金账户中，并允许100:1的杠杆率，他可以买到最高价值200 000元的外汇，因为仅需在账户以购买价格的1%作为担保，换句话说，投资者拥有购买200 000元外汇的购买能力。所以保证金利用杠杆比率提高了投资者的购买力。

保证金分为结算准备金和交易保证金。结算准备金是指会员为了交易结算在交易所专用结算账户中预先准备的资金，是未被占用的保证金。结算准备金的最低余额由交易所决定。交易保证金是指会员在交易所专用结算账户中确保合约履行的资金，是已被合约占用的保证金。当买卖双方成交后，交易所按持仓合约价值的一定比例向双方收取交易保证金。根据监管部门的批准，交易所可根据期货市场的具体情况调整交易保证金水平。我国《期货交易所管理办法》第三十三条规定：会员结算准备金最低余额为50万元。会员必须在下一个交易日开市前补足至结算准备金最低余额。未补足的，若结算准备金余额大于零而低于结算准备金最低余额，禁止开新仓；若结算准备金余额小于零，则交易所将按有关规定对该会员强行平仓。《期货交易所管理办法》第三十五条规定：交易所按买入和卖出的持仓分别收取交易保证金。经交易所同意，会员可用权利凭证质押交易保证金。

　　保证金的收取是分级进行的，因此保证金又可分为会员保证金和客户保证金。会员保证金是期货交易所向会员收取的，收取标准由期货结算所规定，属于会员所有，用于会员的交易结算，严禁将保证金挪作他用。清算所要求每一位会员都必须在清算所开立一个保证金账户，对每笔交易，会员都要按规定交纳一定数额的保证金。为防止出现违规，非会员也要向清算所交纳一定的保证金。客户保证金是期货经纪公司向客户收取的，收取比例由期货经纪公司规定，但要高于期货结算所对会员收取保证金的水平，属于客户所有，用于客户缴存保证金并进行交易结算，严禁挪作他用。在我国保证金应当以货币资金交纳，以上市流通国库券、标准仓单折抵期货保证金，应当符合有关规定，不得使用银行保函、银行存单、国库券代保管凭证等折抵期货保证金。

　　每天期货经纪公司都会计算每个账户的资金余额，其等于当日权益减去持仓保证金。如果当日权益小于持仓保证金，则意味着资金余额是负数，同时也意味着保证金不足了。按照规定，期货经纪公司会通知账户所有人在下一交易日开市之前将保证金补足。此举即称为追加保证金。如果账户所有人在下一交易日开市之前没有将保证金补足，按照规定，期货经纪公司可以对该账户所有人的持仓实施部分或全部的强制平仓，直至留存的保证金符合规定的要求。

　　【例 2.1】　某客户账户原有保证金 1 200 000 元，2017 年 3 月 7 日，开仓买进 IF1706 沪深 300 指数期货合约 10 手，均价 3 360 点（每点 300 元），手续费为交易金额的万分之零点二五，当日结算价为 3 366 点，保证金比例为 12%。是否要追回保证金？若 3 月 8 日，该客户没有交易，但 IF1706 的当日结算价降为 3 363.2 点，是否要追回保证金？

　　当日开仓持仓盈亏 $= (3\,366 - 3\,360) \times 10 \times 300 = 18\,500$（元）

　　手续费 $= 3\,360 \times 300 \times 10 \times 0.000025 = 252$（元）

　　当日权益 $= 1\,200\,000 + 18\,500 - 252 = 1\,217\,748$（元）

　　保证金占用 $= 3\,366 \times 10 \times 300 \times 12\% = 1\,211\,760$（元）

　　资金余额（即可交易资金）$= 1\,217\,748 - 1\,211\,760 = 5\,988$（元）

　　3 月 8 日，该客户没有交易，但 IF1706 的当日结算价降为 3 363.2 点，当日账户情况为：

　　历史持仓盈亏 $= (3\,363.2 - 3\,366) \times 10 \times 300 = -8\,400$（元）

　　当日权益 $= 1\,217\,748 - 8\,400 = 1\,209\,348$（元）

　　保证金占用 $= 3\,363.2 \times 10 \times 300 \times 12\% = 1\,210\,752$（元）

　　资金余额（即可开仓交易资金）$= 1\,209\,348 - 1\,210\,752 = -1\,404$（元）

　　显然，要维持 10 手的多头持仓，保证金尚缺 1 404 元，这意味着下一交易日开市之前必须追加保证金 1 404 元。如果该客户在下一交易日开市之前没有将保证金补足，那么期货经纪公司可以对其持仓实施部分强制平仓。经过计算，1 209 348 元的权益可以保留的持仓至多为 1 209 348 元 ÷ (3 363.2 × 300 × 12%) = 9.99（手）。这样，经纪公司至少可以将其持仓强平掉 1 手。

（二）　每日结算制度

每日结算制度又称逐日盯市、每日无负债结算制度，指每日交易结束后，交易所按当日结算价结算所有合约的盈亏、交易保证金及手续费、税金等费用，对应收应付的款项同时划转，相应增加或减少会员的结算准备金。期货交易的结算实行分级结算，即交易所对其会员进行结算，期货经纪公司对其客户进行结算。

（三）　涨跌停板制度

涨跌停板制度又称每日价格最大波动限制，即指期货合约在一个交易日中的交易价格波动不得高于或低于规定的涨跌幅度，超过该涨跌幅度的报价将被视为无效，不能成交。我国期货涨跌停板制度的规定：

（1）新上市的品种和新上市的期货合约，其涨跌停板幅度一般为合约规定涨跌停板幅度的 2 倍或 3 倍。

（2）在某一期货合约的交易过程中，当合约价格同方向连续涨跌停板、遇国家法定长假，或交易所认为市场风险明显变化时，交易所可以根据市场风险调整其涨跌停板幅度。

（3）对同时使用交易所规定的两种或两种以上涨跌停板情形的，其涨跌停板按照规定涨跌停板中的最高值确定。

（四）　持仓限额制度和大户报告制度

持仓限额制度是指期货交易所为了防范操纵市场价格的行为和防止期货市场风险过度集中于少数投资者，对会员及客户的持仓数量进行限制的制度。超过限额，交易所可按规定强行平仓或提高保证金比例。大户报告制度是指当会员或客户某品种持仓合约的投机头寸达到交易所对其规定的头寸持仓限量 80% 以上（含本数）时，会员或客户应向交易所报告其资金情况、头寸情况等，客户需通过经纪会员报告。大户报告制度是与持仓限额制度紧密相关的又一个防范大户操纵市场价格、控制市场风险的制度。我国三家商品期货交易所规定：

（1）交易所可根据不同期货品种的具体情况，分别确定每一品种每一月份的限仓数额及大户报告标准。

（2）投机头寸持仓达到交易所限量的80%以上时，应向交易所报告。

（3）市场总持仓量不同，适用的持仓限额及持仓报告标准不同，成正比。

（4）一般按照各合约在交易全过程中所处的不同时期，分别确定不同的限仓数额。

（5）期货公司会员、非期货公司会员，一般客户分别适用不同的持仓限额及持仓报告标准。

（五）　实物交割制度

实物交割制度是指交易所制定的、当期货合约到期时，交易双方将期货合约所载商品的所有权按规定进行转移，了结未平仓合约的制度。

（六）　强行平仓制度

强行平仓制度，是指当会员或客户的交易保证金不足并未在规定的时间内补足，或者当会员或客户的持仓量超出规定的限额时，或者当会员或客户违规时，交易所为了防止风险进一步扩大，实行强行平仓的制度。简单地说就是交易所对违规者的有关持仓实行平仓的一种强制措施。我国期货强行平仓制度规定：

（1）实行强行平仓的情形：结算准备金余额小于零，并未能及时补足；持仓限量超出限仓规定；违规受强行平仓处罚；交易所紧急措施；其他情形。

（2）强行平仓的执行过程：通知、执行及确认。

（七）　信息披露制度

信息披露制度是指期货交易所按有关规定公布期货交易有关信息的制度。披露内容有：

（1）期货交易所应当及时公布上市品种合约的成交量、成交价、持仓量、最高价与最低价、开盘价与收盘价和其他应当公布的即时行情；

（2）期货交易所不得发布价格预测信息；

（3）期货交易所对期货交易、结算、交割资料的保存期限应当不少于20年。

五、期货交易相关机构

（一）　期货交易所

期货交易所是买卖期货合约的场所，是期货市场的核心。交易所本身不进行交易活动，只为交易者提供交易场所和监督服务，其收益主要来自会员会费收入、交易手续费收入、信息服务收入及其他收入。它所制定的一套制度规则为整个期货市场提供了一种自我管理机制，使得期货交易的"公开、公平、公正"原则得以实现。

我国目前有四个期货交易所：上海期货交易所、大连商品交易所、郑州商品交易所和中国金融期货交易所。上海期货交易所目前上市交易的有黄金、铜、铝、锌、燃料油、天然橡胶、钢材等7种期货合约。大连商品交易所是中国最大的农产品期货交易所，交易品种主要有玉米、黄大豆1号、黄大豆2号、豆粕、豆油、棕榈油、线型低密度聚乙烯、啤酒大麦。郑州商品交易所上市交易的期货合约主要有小麦、棉花、白糖、精对苯二甲酸（PTA）、菜籽油、绿豆等。我国金融期货交易所是由上海期货交易所、大连商品交易所、郑州商品交易所、上海证券交易所和深圳证券交易所共同发起设立的金融期货交易所，目前上市的期货品种为股指期货（沪深300股票指数期货）。

（二）清算所

清算所是随期货交易的发展以及标准化期货合同的出现而设立的清算结算结构。清算所是负责对期货交易所内买卖的期货合同进行统一交割、对冲和结算的独立机构。在期货交易的发展中，清算所的创立完善了期货交易制度。保障了期货交易能在期货交易所内顺利进行，因此成为期货市场运行机制的核心。一旦期货交易达成，交易双方分别与清算所发生关系。清算所既是所有期货合同的买方，也是所有期货合同的卖方。有些清算所是交易所的一个重要部门［如芝加哥商业交易所（CME）和纽约商业交易所（NYMEX）］，有些清算所则是在组织机构、财务体系、运行制度等方面独立于交易所的机构［如芝加哥期货交易所（CBOT）］。

大部分的清算所都是各自独立的机构，但也有几个不同交易所共同使用一个清算机构的情况，如国际商品清算所（ICCH）负责清算大部分英国期货交易所，市场间清算公司（The Intermartet Clearing Corp）则替纽约期货交易所（NYFE）与费城交易所（PBOT）清算。和交易所一样，清算所通常是个非营利性的会员组织。清算所的会员通常都是依附于交易所的会员，除了拥有交易所的一般会员席位外，还要通过比一般会员更严格的财务指标规定。所以期货交易所的会员分为清算会员和非清算会员，非清算会员要通过清算会员进行清算，并支付一定的佣金。我国的期货交易所具有组织和监督期货结算的职能，交易所下设结算部作为承担期货结算职责的机构。全球证券市场、期货市场整合的趋势之一便是交易

金融学科核心课程系列教材

所和清算机构间日益增多的合并案例。

（三）期货经纪公司

期货经纪公司是指依法设立的、接受客户委托、按照客户的指令、以自己的名义为客户进行期货交易并收取交易手续费的中介组织。期货经纪公司至少应该成为一家期货交易所的会员。

经纪人又分为佣金经纪人和自营经纪人。佣金经纪人接受客户委托，在交易所中代替客户买卖并按固定比例收取佣金的经纪人。自营经纪人介于自营商与经纪人之间，自营经纪人兼营证券的自营与代客买卖业务，但以代客买卖业务为主，并且往往有较强的专业分工。自营经纪人代理的客户仅限于交易厅里的经纪人与自营商。自营经纪人自营证券的目的不像自营商那样追逐利润，而是对其专业经营的证券维持连续市场交易，防止证券价格的暴跌与暴涨。具体方法是：某一证券有暴涨趋势时，自营经纪人即按其最高价格卖出；当某一证券有暴跌趋势时，自营经纪人即按其最低价格买进。也就是说，自营经纪人自营证券的目的不是追逐利润，而是维持其专业经营的几种证券有连续市场，不使进出报价差距过大，并使价格波动局限于一个合理的范围内。

作为交易者与期货交易所之间的桥梁，期货经纪公司具有如下职能：

（1）根据客户指令代理买卖期货合约、办理结算和交割手续。

（2）对客户账户进行管理，控制客户交易风险。

（3）为客户提供期货市场信息，进行期货交易咨询，充当客户的交易顾问。

在期货交易中投资者向经纪人可以发送三种交易指令：

（1）市价指令：指不限定价格的买卖申报，尽可能以市场最好价格成交的指令。

（2）限价指令：指执行时必须按限定价格或更好价格成交的指令，特点是如果成交，一定是客户预期或更好的价格。

（3）取消指令：指客户将之前下达的某一指令取消的指令。如果在取消指令生效之前，前一指令已经成交，则称为取消不及，客户必须接受成交结果。如果部分成交，则可将未成交部分撤销。

六、中国期货市场发展历史

中国期货市场产生的背景是粮食流通体制的改革。随着国家取消农产品的统购统销政策、放开大多数农产品价格，市场对农产品生产、流通和消费的调节作用越来越大，农产品价格的大起大落和现货价格的不公开以及失真现象、农业生产的忽上忽下和粮食企业缺乏保值机制等问题引起了领导和学者的关注。能不能建立一种机制，既可以提供指导未来生产经营活动的价格信号，又可以防范价格波动造成市场风险成为大家关注的重点。1988 年 2 月，国务院领导指示有关部门研究国外的期货市场制度，解决国内农产品价格波动问题，1988 年 3 月，七届人大一次会议的《政府工作报告》提出积极发展各类批发贸易市场，探索期货交易，拉开了中国期货市场研究和建设的序幕。

1990 年 10 月 12 日郑州粮食批发市场经国务院批准成立，以现货交易为基础，引入期货交易机制，迈出了中国期货市场发展的第一步；

1991 年 5 月 28 日上海金属商品交易所开业；

1991 年 6 月 10 日深圳有色金属交易所成立；

1992 年 9 月第一家期货经纪公司——广东万通期货经纪公司成立，标志中国期货市场中断了 40 多年后恢复；

1993 年 2 月 28 日大连商品交易所成立；

2006 年 6 月中国金融期货交易所成立；

2010 年 4 月 16 日中国推出国内第一个股指期货——沪深 300 股指期货合约；

2011 年 4 月 15 日中国大连商品交易所推出世界上首个焦炭期货合约；

2013 年 9 月中国金融期货交易所推出 5 年期国债期货合约；

2015 年 3 月中国金融期货交易所推出 10 年期国债期货合约；

2015 年 4 月中国金融期货交易所推出上证 50、中证 500 股指期货合约。

第三节　远期合约与期货合约的比较

远期合约与期货合约颇有相似之处，容易混淆。因为这两种合约都是契约交易，均为交易双方约定为未来某一日期以约定价格买或卖一定数量商品的契约。与远期合约不同的是，期货合约交易是在交易所进行的，同时为了保证交易的正常进行，交易所对期货合约指定了一些标准特性。它们的区别主要有以下五点：

（1）交易场所不同。期货合约在交易所内交易，具有公开性，而远期合约在场外进行交易。

（2）合约的规范性不同。期货合约是标准化合约，除了价格，合约的品种、规格、质量、交货地点、结算方式等内容都有统一规定。远期合约的所有事项都要由交易双方一一协商确定，谈判复杂，但适应性强。

金融学科核心课程系列教材

（3）交易风险不同。期货合约的结算通过专门的结算公司，这是独立于买卖双方的第三方，投资者无须对对方负责，不存在信用风险，而只有价格变动的风险。远期合约须到期才交割实物、货款早就谈妥不再变动，故无价格风险，它的风险来自届时对方是否真的前来履约，实物交割后是否有能力付款等，即存在信用风险。

（4）保证金制度不同。期货合约交易双方按规定比例缴纳保证金，采取每日盯市制度，而远期合约因不是标准化，存在信用风险，保证金或称定金是否要付，付多少，也都由交易双方确定，无统一性。

（5）履约责任不同。期货合约具备对冲机制、履约回旋余地较大，实物交割比例极低，交易价格受最小价格变动单位限定和日交易振幅限定。远期合约如要中途取消，必须双方同意，任何单方面意愿是无法取消合约的，其实物交割比例极高。

由于远期合约与期货合约制度上的差异，造成两者的盈亏也有差异，下面以一实例来说明。假定英镑的 90 天远期汇率为 1.9000（每英镑所对应的美元数量），这一汇率也正好是在 90 天后交割的外汇期货价格。在远期合约中，全部的损益均在合约到期时实现。在期货合约中，由于每日结算，损益每天被实现。假设投资者 A 进入 90 天期限、面值 100 万英镑的远期合约，而投资者 B 进入 90 天期限，面值为 100 万英镑的期货合约（因为每一个期货合约都是关于 62 500 英镑的买卖，投资者 B 应持有 16 个合约）。假定 90 天后，即期汇率为 2.1000，投资者 A 在 90 天后收入 200 000 美元；投资者 B 也有收益，但其收益分布在 90 天上，根据每日盯市制度，投资者 B 每日的汇率结算保证金在 90 天里的每一天都可能产生损失或收益，但是总体来讲，损失和收益相抵后，90 天的净收益为 200 000 美元（这里假定不考虑 90 天内的资金的时间价值，若考虑时间价值，期货的收益则会依据汇率的变动路径而变化）。

关 键 词 汇

远期　期货　远期利率协议　远期汇率协议　场外交易　保证金制度
每日结算制度

思 考 题

1. 远期合约与期货有哪些区别与联系？
2. 期货交易的两个制度有何作用？

3. 一个投资者进入远期外汇合约的空头，在该合约中投资者能够以 1.602 的汇率（美元/英镑）卖出 100 000 英镑。当远期合约到期时的汇率为以下数值时：(a) 1.69，(b) 1.52，投资的损益分别为多少？

4. 假定你进入大连商品期货交易所一个 7 月份玉米期货合约的空头，在合约中你能够以每吨 4 964 元的价格卖出玉米。期货规模为 10 吨/手。保证金为合约价值的 5%，维持保证金为 2 000 元，期货价格如何变动需要追加保证金？如果不追加会有什么后果？

练 习 题

单项选择题

1. 关于保证金问题，以下表述不正确的是（　　　）。
   A. 当某期货合约出现涨跌停板的情况，交易保证金比率可以相应提高
   B. 对同时满足交易所有关调整交易保证金规定的合约，其交易保证金按照规定的交易保证金数值中的较小值收取
   C. 随着合约持仓量的增大，交易所将逐步提高该合约交易保证金比例
   D. 对期货合约上市运行的不同阶段规定不同的交易保证金比率

2. 郑州小麦期货市场某一合约的卖出价格为 1 120 元，买入价格为 1 121 元，前一成交价为 1 123 元，那么该合约的撮合成交价应为（　　　）元。
   A. 1 120　　　B. 1 121　　　　　C. 1 122　　　　　　D. 1 123

3. 某客户开仓卖出大豆期货合约 20 手，成交价格为 2 020 元/吨，当日结算价格为 2 040 元/吨，交易保证金比例为 5%，则该客户当天需交纳的保证金为（　　　）元。
   A. 20 400　　　B. 20 200　　　　C. 20 300　　　　　D. 0

4. 关于涨跌停板制度，下列表述不正确的是（　　　）。
   A. 涨跌停板一般是以合约上一交易日的结算价为基准确定的
   B. 一般只有百分比一种形式
   C. 合约上一交易日的结算价加上允许的最大涨幅构成当日价格上涨的上限，称为涨停板
   D. 合约上一交易日的结算价减去允许的最大跌幅则构成当日价格下跌的下限，称为跌停板

5. 超过交易所规定的涨跌幅度的报价（　　　）。
   A. 有效，但交易价格应该调整至涨跌幅度之内
   B. 无效，不能成交

C. 无效，但可自动转移至下一交易日

D. 有效

6. 当会员或是客户某持仓合约的投机头寸达到交易所规定的投机头寸持仓限量的（　　）时，应该执行大户报告制度。

A. 60%　　　　B. 70%　　　　C. 80%　　　　D. 90%

7. 下列不属于期货交易所风险控制管理制度的是（　　）。

A. 保证金制度

B. 定点交割制度

C. 持仓限额和大户持仓报告制度

D. 每日结算制度

8. 我国设立期货交易所的审批机构是（　　）。

A. 国务院　　　　　　　　　B. 中国人民银行

C. 银监会　　　　　　　　　D. 证监会

9. （　　）是期货市场风险控制最根本最重要的制度。

A. 保证金制度　　　　　　　B. 套期保值制度

C. 大户持仓披露制度　　　　D. 涨跌停板制度

10. 目前世界上大多数国家的期货交易所都实行（　　）。

A. 合作制　　B. 合伙制　　C. 公司制　　D. 会员制

附录1　大连商品期货交易所玉米期货合约交易指南

一、玉米合约的概述

玉米为禾本科，属一年生草本植物。在全球三大谷物中，玉米总产量和平均单产均居世界首位。中国的玉米栽培面积和总产量均居世界第二位。在世界谷类作物中，玉米的种植范围很广。玉米的播种面积以北美洲最多，其次为亚洲、拉丁美洲、欧洲等。玉米占世界粗粮产量的65%以上，占我国粗粮产量的90%。玉米籽粒中含有70%～75%的淀粉，10%左右的蛋白质，4%～5%的脂肪，2%左右的多种维生素。以玉米为原料制成的加工产品有3 000种以上。玉米是制造复合饲料的最主要原料，一般占65%～70%。

玉米也是世界上最重要的食粮之一，特别是一些非洲、拉丁美洲国家。现今全世界约有三分之一人口以玉米籽粒作为主要食粮。

农产品期货品种作为最早推出的期货种类在商品期货中占有较大比重。目前，农产品类交易量规模最大并稳步增长，占商品类交易总量的43%左右，远远高于能源和金属类商品期货交易规模。玉米期货品种交易规模至今在国际商品期货市场上处第二位。在国内期货市场，农产品期货交易量、持仓规模均较大。玉米品种工业需求量大，价格波动较稳定，产业链条长，参与企业多，影响范围广，这使企业避险和投资需求都较为强烈。玉米品种本身所具有的季节波动性，使玉米品种极具投资魅力，成为国际期货市场投资的常青树。随着未来机构客户特别是商品基金的出现和金融机构的进入，农产品品种的这一特性也将为这些机构投资者所青睐。

二、玉米期货交易时间

每周一至周五交易时间（遇法定节假日顺延）　　上午09：00～11：30

下午13：30～15：00

每周一至周五休市时间　　上午10：15～10：30

三、玉米期货交易合约

大连商品交易所玉米期货合约

交易品种	玉米
交易单位	10 吨/手
报价单位	元（人民币）/吨
最小变动价位	1 元/吨
涨跌停板幅度	上一交易日结算价的4%
合约月份	1，3，5，7，9，11 月
交易时间	每周一至周五9：00～11：30，13：30～15：00
最后交易日	合约月份第10个交易日
最后交割日	最后交易日后第2个交易日
交割等级	大连商品交易所玉米交割质量标准
交割地点	大连商品交易所玉米指定交割仓库
交易保证金	合约价值的5%
交易手续费	不超过3元/手
交割方式	实物交割
交易代码	C
上市交易所	大连商品交易所

四、玉米期货的风险管理办法

1. 玉米的交易保证金制度

玉米期货合约的最低交易保证金为合约价值的5%。交易保证金实行分级管理，随着期货合约交割期的临近和持仓量的增加，交易所将逐步提高交易保证金比例。

（1）玉米合约临近交割期时交易保证金收取标准

交易时间段	交易保证金（元/手）
交割月份前一个月第一个交易日	合约价值的10%
交割月份前一个月第六个交易日	合约价值的15%
交割月份前一个月第十一个交易日	合约价值的20%
交割月份前一个月第十六个交易日	合约价值的25%
交割月份第一个交易日	合约价值的30%

（2）玉米合约持仓量变化时交易保证金收取标准

合约月份双边持仓总量（N）	交易保证金（元/手）
N≤100万手	合约价值的5%
100万手＜N≤150万手	合约价值的8%
150万手＜N≤200万手	合约价值的9%
200万手＜N	合约价值的10%

2. 玉米期货的限仓制度

限仓是指交易所规定会员或客户可以持有的按单边计算的某一合约投机头寸的最大数额。

玉米合约一般月份持仓限额如下表所示：

持仓量	经纪会员	非经纪会员	客户
单边持仓＞20万手	25%	20%	10%
单边持仓≤20万手	50 000	40 000	20 000

玉米合约进入交割月份前一个月和进入交割月份期间，其持仓限额如下表所示（单位：手）：

交易时间段	经纪会员	非经纪会员	客户
交割月前一个月第一个交易日起	50 000	40 000	20 000
交割月前一个月第十个交易日起	25 000	20 000	10 000
交割月份	12 500	10 000	5 000

套期保值交易头寸实行审批制，其持仓不受限制。

五、玉米期货的交割方式及交割费用

1. 玉米的交割方式

（1）玉米的交割方式有三种：期货转现货、滚动交割和集中交割。

（2）三种交割形式的异同（见下表）。

	期货转现货	滚动交割	集中交割
办理时间	合约上市之日起至交割月份前1个月的倒数第3个交易日（含当日）	交割月第1个交易日至第9个交易日	最后交易日
配对时间	在可办理时间内以买卖双方协商的日期为准	卖方提出滚动交割申请当日	最后交易日闭市后
配对原则	买卖双方协商	卖方优先、申报交割意向的买持仓优先，持仓时间最长的买持仓优先	"最少配对数"原则
结算价格	买卖双方协议价	配对日结算价	交割结算价
主要特点	双方协商进行，分为非标准仓单期转现和标准仓单期转现	卖方优先原则：符合条件的卖方提出申请后保证当天配对成功，被配对买方要按期付款	最后交易日收市后配对，交易所集中办理交割

2. 玉米的交割费用

（1）交割手续费为1元/吨。

（2）入库、出库费用实行最高限价。

（3）仓储及损耗费（包括储存费、保管损耗、熏蒸费）收取标准为：

　　　11月1日~4月30日：0.50元/吨·天

　　　5月1日~10月31日：0.60元/吨·天

（4）玉米的检验费为1元/吨。

附录 2　世界主要期货交易所

期货合约在世界各地交易活跃。美国最大的两家期货交易所为芝加哥交易所和芝加哥商品交易所（在 2007 年 7 月，这两家交易所终于达成了合并的协议）。欧洲最大的两家交易所为 Euronext（www. euronext. com）和 Eurex（www. eurexchange. com）。在 2006 年，Euronext 与纽约股票交易所达成了合并的协议。Eurex 是由德国交易所（Deutsche Borse）和瑞士交易所（Swiss Exchange）共同拥有。世界上其他较大规模的交易所包括位于圣保罗的巴西商品和期货交易所（Bosa de Mercadoria & Futuros，www. bmf. com. br），东京国际金融期货交易所（Tokyo International Financial Futures Exchange TIFFE，www. fiffe. or. jp）：新加坡国际货币交易所（Singapore International Monetary Exchange，www. sgx. com）和悉尼期货交易所（Sydney Futures Exchange，www. sfe. com. au）。下表比较详细地列举了世界各地的交易所。

国家或地区	交易所名称	代码	英文名称
中国大陆	上海期货交易所	SHFE	Shanghai Futures Exchange
	大连商品交易所	DCE	Dalian Commodity Exchange
	郑州商品交易所	CZCE	Zhengzhou Commodity Exchange
	中国金融期货交易所	CFFE	China Financial Futures Exchange
美国	芝加哥期货交易所	CBOT	The Chicago Board of Trade
	芝加哥商品交易所	CME	Chicago Mercantile Exchange
	芝加哥商业交易所国际货币市场	IMM	—
	芝加哥期权交易所	CBOE	Chicago Board Options Exchange
	纽约商品交易所	NYMEX	New York Mercantile Exchange
	纽约期货交易所	NYBOT	New York Board of Trade
	美国（纽约）金属交易所	COMEX	Commerce Exchange
	堪萨斯商品交易所 KCBT	Kansas City Board of Trade	

续表

国家或地区	交易所名称	代码	英文名称
加拿大	加拿大蒙特利尔交易所	ME	Montreal Exchange Markets
英国	伦敦国际金融期货及选择权交易所	LIFFE	London International Financial Futures and Options Exchange
	Euronext. Liffe		
	伦敦商品交易所	LCE	London Commerce Exchange
	英国国际石油交易所	IPE	International Petroleum Exchange
	伦敦金属交易所	LME	London Metal Exchange
法国	法国期货交易所	MATIF	—
德国	德国期货交易所	DTB	Deutsche Boerse
瑞士	瑞士选择权与金融期货交易所	SOFFEX	Swiss Options and Financial Futures Exchange
	欧洲期权与期货交易所	Eurex	The Eurex Deutschland
瑞典	瑞典斯德哥尔摩选择权交易所	OM	OM Stockholm
西班牙	西班牙固定利得金融期货交易所	MEFFRF	MEFF Renta Fija
	西班牙不定利得金融期货交易所	MEFFRV	MEFF Renta Variable
日本	日本东京国际金融期货交易所	TIFFE	The Tokyo International Financial Futures Exchange
	日本东京工业品交易所	TOCOM	The Tokyo Commodity Exchange
	日本东京谷物交易所	TGE	The Tokyo Grain Exchange
	日本大阪纤维交易所	OTE	—
	日本前桥干茧交易所	MDCE	—
新加坡	新加坡国际金融交易所	SIMEX	Singapore International Monetary Exchange
	新加坡商品交易所	SICOM	Singapore Commodity Exchange
澳大利亚	澳洲悉尼期货交易所	SFE	Sydney Futures Exchange
新西兰	新西兰期货与选择权交易所	NZFOE	New Zealand Futures & Options
中国香港	香港期货交易所	HKFE	Hong Kong Futures Exchange
中国台湾	台湾期货交易所	TAIFEX	Taiwan Futures Exchange
南非	南非期货交易所	SAFEX	South African Futures Exchange
韩国	韩国期货交易所	KOFEX	—
	韩国证券期货交易所	KRX	—

第三章　远期与期货的定价

远期合约和期货合约的差别主要在于期货是标准化合约并且有保证金制度和每日盯市制度，而远期合约不用每日结算，而只是在到期日一次性结算，所以远期合约的定价更为简单，并且根据罗斯等美国著名经济学家证明[1]，当无风险利率恒定且对所有到期日都不变时，交割日相同的远期价格和期货价格应相等。所以本章若无特别提出认为两者的定价等同，最后再比较两者的差异。

第一节　基本假设、符号和利率

在开始计算远期和期货的价格之前，先介绍一些相关概念和本章的一些符号。

一、基本的假设

市场中只要存在某些市场参与者如大型投资银行则以下假设全部成立：
（1）没有交易成本和税收。
（2）市场参与者能以相同的无风险利率借入和贷出资金。
（3）当套利机会出现时，市场参与者能立即进行无风险套利，让套利机会消失。
（4）期货合约的保证金账户支付同样的无风险利率。这意味着任何人均可不花成本地取得远期和期货的多头和空头地位。远期合约没有违约风险。
通常我们指的资产为投资资产，即持有资产是为了投资而不是消费用的，与之对应的是消费资产。这两者的差异是持有目的不同，并且对于投资资产而言在

---

① 参见 Cox, J. C., J. E. Ingersoll, and S. A. Ross. "The Relationship between Forward Prices and Future Prices", *Journal of Financial Economics*, (December 1981), pp. 321 – 46。

乎的是收益，投资者不在乎投资资产的具体形态，但消费资产则不同，当消费者持有消费资产时通常都要消耗其形态，所以有时不能用货币化收益来衡量。以下章节如无特别指出，提到的资产都是投资资产。

二、符号

本章用到的符号如下：

T——远期或期货合约的到期的时刻（以年计）。

t——现在的时刻（以年计）。

S_t——在时刻 t 时，远期或期货合约标的资产的即期价格；S 为在订立合同时的标的资产的即期价格。

F_t——在时刻 t 时，远期或期货合约中标的资产的远期价格；F 为在订立合同时的标的资产的远期价格。

K——远期或期货合约的执行价格（交割价格）。

f_t——在时刻 t 时，远期或期货合约的多头的价值；f 为在订立合同时的合约多头的价值。

r——按连续复利的无风险零息利率，这一利率的期限对应于合约的交割日（即 T 年以后），无风险利率 r 是指在无信用风险的前提下借入和借出资金的利率，这是一个理论上的利率，在实践中无风险利率通常用 LIBOR（本章中的利率如不特别指明都为连续复利）。

变量 T 和 t 为合约生效之后（包含生效之时）某个日期，$T-t$ 为合约剩余的时间；当 t 为合约订立的时刻时，$T-t$ 表示整个合约的期限，通常会以 $t=0$ 定义为订立合同的时刻，那么 T 就为合约的总期限。远期价格 F_t 不同于合约的价值 f_t，任何时刻 t 以远期价格 F_t 为执行价格 K 的远期合约时，其多头的价值 f_t 为零；即若 $F_t=K$ 则 $f_t=0$，一般在合约订立时，$F_t=K$ 所以 $f_t=0$。随着时间的变化，K 是不变的，但 F_t 在变，所以 f_t 也在变。若不特别指明，进入一个远期合约，都认为以远期价格为交割价格，其合约价值为 0。

三、利率

利率又称利息率，表示一定时期内利息量与本金的比率，通常用百分比表示，按年计算则称为年利率。其计算公式是：

$$利息率 = 利息量 \div 本金 \div 时间 \times 100\%$$

影响利率的因素，主要有资本的边际生产力或资本的供求关系。此外还有承诺交付货币的时间长度以及所承担风险的程度。

（一）影响利率的主要因素

1. 利润率的平均水平

社会主义市场经济中，利息仍作为平均利润的一部分，因而利息率也是由平均利润率决定的。根据中国经济发展现状与改革实践，这种制约作用可以概括为：利率的总水平要适应大多数企业的负担能力。也就是说，利率总水平不能太高，太高了大多数企业承受不了；利率总水平也不能太低，太低了不能发挥利率的杠杆作用。

2. 资金的供求状况

在平均利润率既定时，利息率的变动则取决于平均利润分割为利息与企业利润的比例。而这个比例是由借贷资本的供求双方通过竞争确定的。一般的，当借贷资本供不应求时，借贷双方的竞争结果将促进利率上升；相反，当借贷资本供过于求时，竞争的结果必然导致利率下降。在我国市场经济条件下，由于作为金融市场上的商品的"价格"——利率，与其他商品的价格一样受供求规律的制约，因而资金的供求状况对利率水平的高低仍然有决定性作用。

3. 物价变动的幅度

由于价格具有刚性，变动的趋势一般是上涨，因而怎样使自己持有的货币不贬值，或遭受贬值后如何取得补偿，是人们普遍关心的问题。这种关心使得从事经营货币资金的银行必须使吸收存款的名义利率适应物价上涨的幅度，否则难以吸收存款；同时也必须使贷款的名义利率适应物价上涨的幅度，否则难以获得投资收益。所以，名义利率水平与物价水平具有同步发展的趋势，物价变动的幅度制约着名义利率水平的高低。

4. 国际经济的环境

改革开放以后，中国与其他国家的经济联系日益密切。在这种情况下，利率也不可避免地受国际经济因素的影响，表现在以下几个方面：（1）国际间资金的流动，通过改变中国的资金供给量影响中国的利率水平；（2）中国的利率水平还要受国际间商品竞争的影响；（3）中国的利率水平，还受国家的外汇储备量的多少和利用外资政策的影响。

5. 政策性因素

新中国成立以来，我国的利率基本上属于管制利率类型，利率由国务院统一制定，由中国人民银行统一管理，在利率水平的制定与执行中，要受到政策性因素的影响。例如，1949～1978年，我国长期实行低利率政策，以稳定物价、稳定市场。1978年以来，对一些部门、企业实行差别利率，体现出政策性的引导或政策性的限制。可见，我国社会主义市场经济中，利率不是完全随着信贷资金的供求状况自由波动，它还取决于国家调节经济的需要，并受国家的控制和调节。

（二）利率的表示方法

利率的表示方法有单利和复利两种。

1. 单利

单利是在结算利息时，只在原本金上计利息。在单利计算方法下，利息数额等于本金乘以计息期数乘以利率。现以 P 表示本金，r 表示利率，n 表示计息期数，I 表示利息额，S 表示本利和（即本金和利息之和），则

$$I = P \times n \times r$$
$$S = P + I = P + P \times n \times r = P \times (1 + n \times r)$$

2. 复利

复利的计算是每经过一次结息时间就把前期利息并入本金，在下次结息时，并入本金的利息亦同本金一起计息，即不仅本金生利，而且利上生利。以年为计息期，称年复利；以月为计息期，称月复利，以此类推。现以 P 表示本金，r 表示期间利率（注意此处可以是年，也可以是季、月、周等），n 表示计息期数（若 r 是年利率，则是 n 年；若 r 是月利率，则是 n 月，以此类推），I 表示利息额，S 表示本利和，则以复利计算的本利和及利息为：

$$S = P(1 + r)^n$$
$$I = P(1 + r)^n - P = P[(1 + r)^n - 1]$$

当计息期趋近于0时的利率，称为连续复利（t 为以年表示的时间长度）。

$$S = P \times e^{rt}$$

（三）年名义利率与年实际利率

年名义利率是指期间利率 r 乘以一年中的计算次数 m。

$$r_m = r \times m$$

年实际利率是一年中获得的利息除以本金。对于一年中的计算次数 m 的期间利率 r，其一年本息和为：

$$S = P(1 + r)^m$$
$$I = P[(1 + r)^m - 1] = P[(1 + r_m/m)^m - 1]$$
$$r_f = I/P = (1 + r_m/m)^m - 1$$

金融学科核心课程系列教材

当计息期趋近于 0 时 m 趋近于无穷大，此时

$$r_f = \lim_{m \to \infty} \left(1 + \frac{r_m}{m} \right)^m - 1 = e^{r_m} - 1$$

所以 1 元本金 1 年的本息和为：

$$1 + r_f = e^{r_m}$$

t 年本息和为：

$$(1 + r_f)^t = (e^{r_m})^t = e^{r_m t}$$

所以在复利计算中提到的连续复利，相当于年名义利率的概念。

（四）我国的基准利率

基准利率是中国人民银行公布的商业银行存款、贷款、贴现等业务的指导性利率，存款利率暂时不能上、下浮动，贷款利率可以在基准利率基础上下浮 10% 至上浮 70%。中国人民银行公布的商业银行存款基准利率调整如表 3.1 所示。

表 3.1　　　　　　　　中国人民银行公布的商业银行存款基准利率

调整时间	活期存款	定期存款					
		三个月	半年	一年	二年	三年	五年
1990 - 04 - 15	2.88	6.30	7.74	10.08	10.98	11.88	13.68
1990 - 08 - 21	2.16	4.32	6.48	8.64	9.36	10.08	11.52
1991 - 04 - 21	1.80	3.24	5.40	7.56	7.92	8.28	9.00
1993 - 05 - 15	2.16	4.86	7.20	9.18	9.90	10.80	12.06
1993 - 07 - 11	3.15	6.66	9.00	10.98	11.70	12.24	13.86
1996 - 05 - 01	2.97	4.86	7.20	9.18	9.90	10.80	12.06
1996 - 08 - 23	1.98	3.33	5.40	7.47	7.92	8.28	9.00
1997 - 10 - 23	1.71	2.88	4.14	5.67	5.94	6.21	6.66
1998 - 03 - 25	1.71	2.88	4.14	5.22	5.58	6.21	6.66
1998 - 07 - 01	1.44	2.79	3.96	4.77	4.86	4.95	5.22
1998 - 12 - 07	1.44	2.79	3.33	3.78	3.96	4.14	4.50
1999 - 06 - 10	0.99	1.98	2.16	2.25	2.43	2.70	2.88
2002 - 02 - 21	0.72	1.71	1.89	1.98	2.25	2.52	2.79
2004 - 10 - 29	0.72	1.71	2.07	2.25	2.70	3.24	3.60
2006 - 08 - 19	0.72	1.80	2.25	2.52	3.06	3.69	4.14
2007 - 03 - 18	0.72	1.98	2.43	2.79	3.33	3.96	4.41
2007 - 05 - 19	0.72	2.07	2.61	3.06	3.69	4.41	4.95

续表

调整时间	活期存款	定期存款					
		三个月	半年	一年	二年	三年	五年
2007 – 07 – 21	0.81	2.34	2.88	3.33	3.96	4.68	5.22
2007 – 08 – 22	0.81	2.61	3.15	3.60	4.23	4.95	5.49
2007 – 09 – 15	0.81	2.88	3.42	3.87	4.50	5.22	5.76
2007 – 12 – 21	0.72	3.33	3.78	4.14	4.68	5.40	5.85
2008 – 10 – 09	0.72	3.15	3.51	3.87	4.41	5.13	5.58
2008 – 10 – 30	0.72	2.88	3.24	3.60	4.14	4.77	5.13
2008 – 11 – 27	0.36	1.98	2.25	2.52	3.06	3.60	3.87
2008 – 12 – 23	0.36	1.71	1.98	2.25	2.79	3.33	3.60
2010 – 10 – 20	0.36	1.91	2.20	2.50	3.25	3.85	4.20
2010 – 12 – 26	0.36	2.25	2.50	2.75	3.55	4.15	4.55
2011 – 02 – 09	0.40	2.60	2.80	3.00	3.90	4.50	5.00
2011 – 04 – 06	0.50	2.85	3.05	3.25	4.15	4.75	5.25
2011 – 07 – 07	0.50	3.10	3.30	3.50	4.40	5.00	5.50
2012 – 06 – 08	0.40	2.85	3.05	3.25	4.10	4.65	5.10
2012 – 07 – 06	0.35	2.60	2.80	3.00	3.75	4.25	4.75
2014 – 11 – 22	0.35	2.35	2.55	2.75	3.35	4.00	—
2015 – 03 – 01	0.35	2.10	2.30	2.50	3.10	3.75	—
2015 – 05 – 11	0.35	1.85	2.05	2.25	2.85	3.50	—
2015 – 06 – 28	0.35	1.60	1.80	2.00	2.60	3.25	—
2015 – 08 – 26	0.35	1.35	1.55	1.75	2.35	3.00	—
2015 – 10 – 24	0.35	1.10	1.30	1.50	2.10	2.75	—

注：自 2014 年 11 月 22 日起，中国人民银行不再公布金融机构人民币五年期定期存款基准利率。

第二节　远期价格

以下将根据资产的收益类型计算远期合约的价格。

一、无收益证券的远期合约

无收益证券是指不提供任何中间收入的投资资产，如无股息股票和零息债券。以下用无套利理论说明某一贴现债券远期合约的定价。一份标的证券为 1 年期贴现债券，剩余期限为 6 个月的远期合约，贴现债券的当前价为 970 美元，6 个月期的无风险年利率为 4.17%。如果该合约当前的远期价格为 975 美元，套利者现在可以采取以下策略：

- 以无风险利率 4.17% 借入 970 美元，并利用所借资金购买剩余期限为 6 个月 1 年期贴现债券；
- 进入 6 个月期的远期合约的空头（即在远期合约中将卖出该贴现债券）。

当远期合约到期时（6 个月后）：

- 用购买的贴现债券进行远期合约的交割，可获得 975 美元；
- 在 6 个月后偿还贷款的现金总量为 $970e^{0.0417 \times 6/12} = 972.0246$（美元）。

通过这一策略，套利者在 6 个月结束时获得的盈利为 975 - 972.0246 = 2.9754（美元）。

如果远期价格为 965 美元时，套利者则可以采取以下策略：

- 卖空剩余期限为 6 个月 1 年期贴现债券，可获资金 970 美元，将卖空债券所得资金以 4.17% 利率投资 6 个月；
- 进入该贴现债券一个 6 个月远期合约的多头。

当远期合约到期时（6 个月后）：

- 卖空贴现债券的 970 美元投资，在 6 个月后会获得 $970e^{0.0417 \times 6/12} = 972.0246$（美元）收益；
- 用 965 美元进行远期合约的交割得到一张贴现债券，并将贴现债券用于卖空交易的平仓。

套利者在 6 个月后的盈利为 972.0246 - 965 = 7.025（美元）。

可以发现：第一种套利策略在远期价格大于 972.0246 美元时进行无风险套利；第二种套利策略则在远期价格小于 972.0246 美元时进行无风险套利，所以要使市场回到无套利机会的均衡中，其远期价格必须为 972.0246 美元。在第二种策略中要允许市场中可以卖空，若市场中不允许卖空，第二种策略只能由拥有该贴现债券的投资者来实施，这也符合我们只要部分投资者满足假定就能使市场实现无套利均衡。

考虑一般情形，时刻 t 时一个投资资产的当前价格为 S_t（资产无任何中间收入），采用前面的符号：$T-t$ 为期限，r 为无风险利率，F_t 为远期价格。F_t 与 S_t 的关系式为

$$F_t = S_t e^{r(T-t)} \qquad\qquad 3.1$$

如果 $F_t > S_t e^{rT}$，套利者可以买入资产并进入远期合约的空头来进行套利；如果 $F_t < S_t e^{r(T-t)}$，套利者可以卖空资产并进入远期合约的多头来进行套利。在前

面的例子中，$S_t = 970$，$r = 0.0417$，$T - t = 0.05$。因此由式3.1得出：

$$F_t = 970e^{0.0417 \times 6/12} = 972.0246 \text{（美元）}$$

这同以上的计算结果一致。

以下用风险中性理论来给无收益的远期合约定价。考虑以下策略：时刻 t 时买入一份资产并且进入远期合约（$K = F_t$）的空头。在远期合约中以 F_t 价格卖出资产，这一交易成本为 S_t，在未来的现金流入为 F_t。因此 S_t 一定等于 F_t 的贴现值：$S_t = F_t e^{-r(T-t)}$，或 $F_t = S_t e^{r(T-t)}$。

【例3.1】 若美元3个月期的无风险年利率为3.99%。市场上正在交易一个期限为3个月的股票远期合约，标的股票不支付红利且当时市价为40美元。求这份远期合约的合理交割价格是多少？若交割价格分别为40.20和40.80时如何套利？

$$F = 40e^{3.99\% \times 0.25} = 40.40 \text{（美元）}$$

假设市场上该合约的交割价格为40.20美元，则套利者可以卖空股票并将所得收入以无风险利率进行投资，期末可以获得无风险利润 $40.40 - 40.20 = 0.20$（美元）。反之，如果市场上远期合约的交割价格为40.80美元，套利者可以借入40美元买入股票并以40.80美元的价格卖出远期合约，期末也可以获得无风险利润0.40美元。

二、支付已知中间收入的资产

支付已知中间收入的资产是指在持有期限内支付固定的现金收益的资产，包括提供股息的股票及提供券息的债券。以下用无套利理论说明某一贴现债券远期合约的定价。首先考虑一个远期合约其标的资产是某带息债券，期限为9个月，带息债券的当前价格为600元，在4个月后有30元的券息付款，并且假定4个月期及9个月期的利率（连续复利）分别为4%及5%。

如果远期价格为610元，套利者可以采取以下策略：

（1）借入600元来买入带息债券；

（2）进入远期合约的空头。

投资者持有的投资组合中有带息债券，所以在4个月后会收到30元的券息付款，考虑到4个月期（连续复利）为4%，将券息的贴现为：

$$30e^{-0.04 \times 4/12} = 29.4060 \text{（元）}$$

所以4个月后收到30元的券息可以用于偿还现在所借的600元中的29.4060元，其他部分资金 $[600 - 29.4060 = 570.5940 \text{（元）}]$ 则9个月以后偿还，考虑

金融学科核心课程系列教材

到 9 个月期（连续复利）为 5%，570.5940 元 9 个月之后要偿还的金额为：

$$570.5940e^{0.05 \times 9/12} = 592.3975 （元）$$

所以，4 个月后，投资者将 30 元的券息，偿还当初借的 29.4060 元的债务。

9 个月后，投资者用 592.3975 元偿还剩余的 570.5940 元的债务；执行远期合约的空头，交割卖出证券收入为 610 元。

因此，投资者 9 个月后的盈利为：

$$610 - 592.3975 = 17.6025 （元）$$

如果远期价格为 570 元，套利者可以采取以下策略：

（1）卖空带息债券，可获得 600 元资金；

（2）进入远期合约的多头。

因为卖空带息债券，卖空期间带息债券的券息要由卖空者支付。因为带息债券 4 个月时要支付 30 元（同前 4 个月的利率为 4%），所以可以将 600 元资金中的 29.4060 元以 4% 的利率投资 4 个月，在 4 个月时这笔资金用来偿还债券的券息，剩余的 570.5940 元以 5% 投资 9 个月，到期时这笔资金变为：

$$570.5940e^{0.05 \times 9/12} = 592.3975 （元）$$

所以套利者还要执行以下操作：

将 29.4060 元以 4% 利率投资 4 个月，570.5940 元以 5% 的利率投资 9 个月。

4 个月后，支付带息债券 30 元券息（用 29.4060 元的投资收益刚好可以支付）。

9 个月后，570.5940 元以 5% 的利率投资 9 个月可获得 592.3975 元；执行远期合约的多头，支付 570 元买入带息债券；将收到的带息债券，用于卖空交易平仓。

所以套利者 9 个月后的盈利为：

$$592.3975 - 570 = 22.3975 （元）$$

可以发现，第一种套利策略在远期价格大于 592.3975 元时进行无风险套利；第二种套利策略则在远期价格小于 592.3975 元时进行无风险套利，所以要使市场回到无套利机会的均衡中，其远期价格必须为 592.3975 元。同样在第二种策略中要允许市场中可以卖空，若市场中不允许卖空，第二种策略只能由拥有该贴现债券的投资者来实施，这也符合我们只要部分投资者满足假定就能使市场实现无套利均衡。

接下来考虑一般情形，当投资资产在远期合约期限内提供的中间收入的贴现值为 I 时，有以下关系式：

$$F_t = (S_t - I)e^{r(T-t)} \qquad 3.2$$

在上面的例子中，$S_t = 600.00$，$I = 30e^{-0.04 \times 4/12} = 29.4060$，$r = 0.05$ 及 $T - t =$

0.75，因此，

$$F_t = (600 - 29.4060)\,\mathrm{e}^{0.05 \times 9/12} = 592.3975\,(元)$$

这与之前的计算结果一致。式 3.2 适用于任何提供中间收入的投资资产。

同理可推广到一般情形：对于提供已知中间收入资产的远期合约，如果 $F_t > (S_t - I)\,\mathrm{e}^{r(T-t)}$，套利者可以买入资产并且进入资产的远期合约的空头来盈利；如果 $F_t < (S_t - I)\,\mathrm{e}^{r(T-t)}$，套利者可以卖空资产并且进入资产的远期合约的多头来盈利。如果卖空交易不可行，拥有资产的投资者可以卖出资产，并进入远期合约的多头来套利盈利。

【例 3.2】　假设在 7 月 1 日黄金的现价为每克 336 元，其存储成本为每年每克 0.5 元，在年底支付，无风险年利率为 5%。求 1 年期黄金远期价格？

存储成本的当前价格（注意成本表现为负收益）为：

$$I = -0.5\mathrm{e}^{-0.05 \times 6/12} = -0.4877 \;(元)$$

变量 $T - t$ 为 1 年，因此式 3.2 中的远期价格 F_t 为：

$$F_t = (336 + 0.4877)\,\mathrm{e}^{0.05 \times 1} = 353.7397\,(元)$$

如果远期价格小于以上价格，套利者能够以即期价格卖空黄金并且进入远期合约多头来套利。如果远期价格大于以上价格，套利者可以进入远期合约的空头并且买入黄金来套利。

以下用风险中性理论来给无收益的远期合约定价。买入一份资产并且进入远期合约（$K = F_t$）的空头。在远期合约中，在时刻 T 以 F_t 价格卖出资产，这时交易成本为 S_t。在将来时刻 T 的现金流入为 F_t，在将来流入的现金流的贴现值为 I。最初的现金流出为 S_t。所有的流入现金流的贴现值为 $I + F_t \mathrm{e}^{-r(T-t)}$，因此 $S_t = I + F_t \mathrm{e}^{-r(T-t)}$，其等价形式为 $F_t = (S_t - I)\,\mathrm{e}^{r(T-t)}$。

三、收益率为已知的资产

支付已知收益率的资产是指在到期前持有资产会获得与其现货价格成一定比率收益的资产，如货币和股价指数。考虑某 A 股票现在的市场价格是 30 元，年平均红利率为 2%，无风险利率为 5%。

如果该股票 6 个月的远期合约的交割价格为 35 元，套利者可以采取以下策略：

（1）借入 29.7015 元来买入 0.9901 份股票，并将股票的连续收益用于购买 A 股票；

（2）进入远期合约的空头。

因为股票是连续支付收益，将支付的收益再投资于 A 股票，6 个月后一共可获得：

$$0.9901e^{0.02 \times 0.5} = 1 \text{（股）}$$

借入 29.7015 元，6 个月后需要偿还的金额为：

$$29.7015e^{0.05 \times 0.5} = 30.4534 \text{（元）}$$

6 个月后，当初的 0.9901 份 A 股票经过 6 个月变为 1 股 A 股票；执行远期合约的空头，卖出 1 股 A 股票获得收入为 35 元；投资者用 30.4534 元偿还 29.7015 元的债务。

因此投资者 6 个月后的盈利为：

$$35 - 30.4534 = 4.5466 \text{（元）}$$

如果该股票 6 个月的远期合约的交割价格为 29 元，套利者可以采取以下策略：

（1）卖空 0.9901 份 A 股票，可获得 29.7015 元资金进行无风险投资，并与卖空方商定以 A 股票的形式来支付收益，所以 6 个月后需要归还 $0.9901e^{0.02 \times 0.5} = 1$（股）；

（2）进入远期合约的多头。

6 个月后，当初的 29.7015 元资金经过 6 个月的无风险投资变为 $29.7015e^{0.05 \times 0.5} = 30.4534$（元）；执行远期合约的多头，支付 29 元买入 1 股 A 股票，并平仓卖空交易。

因此投资者 6 个月后的盈利为 30.4534 - 29 = 1.4534（元）。

可以发现，第一种套利策略在远期价格大于 30.4534 元时进行无风险套利；第二种套利策略则在远期价格小于 30.4534 元时进行无风险套利，所以要使市场回到无套利机会的均衡中，其远期价格必须为 30.4534 元。同样在第二种策略中要允许市场中可以卖空，若市场中不允许卖空，第二种策略只能由拥有该贴现债券的投资者来实施，这也符合我们只要部分投资者满足假定就能使市场实现无套利均衡。

接下来考虑一般情形，当投资资产在远期合约期限内支付已知收益率资产 q 时，有以下关系式

$$K = F_t = S_t \mathrm{e}^{(r-q)(T-t)} \qquad 3.3$$

在上面的例子中，$S_t = 30$，$q = 0.02$，$r = 0.05$，$T - t = 0.5$，因此，

$$F_t = 30\mathrm{e}^{(0.05-0.02) \times 6/12} = 30.4534 \text{（元）}$$

这与之前的计算结果一致。式 3.3 适用于支付已知收益率的资产。

同理可推广到一般情形：对于支付已知收益率资产的远期合约，如果 $F_t > S_t\mathrm{e}^{(r-q)(T-t)}$，套利者可以买入资产并且进入资产的远期合约的空头来盈利；如果

$F_t < S_t \mathrm{e}^{(r-q)(T-t)}$，套利者可以卖空资产并且进入资产的远期合约的多头来盈利。如果卖空交易不可行，拥有资产的投资者可以卖出资产，并进入远期合约的多头来套利盈利。

【例3.3】　考虑一个6个月期限的远期合约，合约的标的资产在6个月期限内预计提供的中间收入等于资产价格的4%（半年复利一次）。连续复利的无风险利率为5%。资产价格为100元。这时 $S_t = 100$，$r = 0.05$，$T - t = 0.5$。求远期价格。

首先要将利率换算也连续复利，收益率为每年4%（半年复利一次），换算为连续复利为

$$q = \ln\left[(1 + 4\%/2)^2\right] = 0.0396$$

在连续复利情形下为3.96%，由式3.3得出，远期价格为：

$$F_t = 100\mathrm{e}^{(0.05 - 0.0396) \times 0.5} = 100.5214 \text{（元）}$$

以下用风险中性理论来给无收益的远期合约定价。买入 $\mathrm{e}^{-q(T-t)}$ 份资产并且进入远期合约（$K = F_t$）的空头，并由于资产会获得连续收入，把所有收入都再投资于该资产。拥有的证券数量会随着红利的发放不断增加，在时刻 T 投资者刚好又拥有了1份资产，再执行远期合约以 K 价格卖出资产。在投资开始时的交易成本为 $S_t \mathrm{e}^{-q(T-t)}$，在将来时刻 T 的现金流入为 K。最初的现金流出为 $S_t \mathrm{e}^{-q(T-t)}$，所有的流入现金流的贴现值为 $K\mathrm{e}^{-r(T-t)}$，因此 $S_t \mathrm{e}^{-q(T-t)} = K\mathrm{e}^{-r(T-t)}$，其与公式3.3等价。

四、远期合约的定价

在刚刚进入远期合约时其价格为0 即 $K = F_t$，但在进入合约之后随着时间的推移，K 保持不变（因为它已经被合约确定），但随时刻 t 的变动对应的远期价格 F_t 将会变动，也就是不同时刻的远期价格不同，远期价格会波动，所以远期合约的价值 f_t 可以正或负。采用之前的符号，K 为以前成交的合约的交割价格，当前时刻是 t 年，合约的交割日期为 T 年，r 是期限为 $T-t$ 年的无风险利率，变量 F_t 表示 t 时刻的远期价格，K 为合约的交割价格，f_t 为远期合约的价值。如果今天正好是合约的最初成交日。那么交割价格（K）等于远期价格（F_t），而且合约的价值（f_t）是0。

考虑在2012年2月时的两个远期合约（标的资产相同，都是6月份到期，无风险利率为3%），此时6月的远期价格为40美元，合约A是当前订立的，其交割价格为40美元（交割价格等于远期价格，所以合约价值为0），合约B是1

月份订立的，其交割价格为 39 美元（因为交割价格不等于远期价格，合约价值 f_b 不为 0）。这两个合约唯一的不同之处是在 6 月份买入标的资产的价格不同，在合约 A 中为 40 美元；在合约 B 中为 39 美元，所以在 6 月份买入标的资产时合约 B 与合约 A 现金流的差异是 1 美元（40 − 39），其现值为 $1 \times \mathrm{e}^{-0.03 \times 4/12} = 0.99$（美元），在 2 月份合约 B 与合约 A 现金流的差异为 $f_b - f_a = f_b$，所以，

$$f_b = 1 \times \mathrm{e}^{-0.03 \times 4/12} = 0.99 \text{（美元）}$$

考虑一般情形，时刻 t 的两个远期合约中合约 A 的交割价格为 K_a（令 $K_a = F_t$，所以 $f_a = 0$），合约 B 的交割价格为 K_b，这两个合约唯一的不同之处是在时刻 T 买入标的资产的价格不同，在合约 A 中为 $K_a = F_t$；在合约 B 中为 K_b，所以在 T 时刻合约 B 与合约 A 现金流的差异为 $F_t - K_b$，其现值为 $(F_t - K_b)\mathrm{e}^{-r(T-t)}$，在时刻 t 合约 B 与合约 A 现金流的差异为 $f_b - f_a = f_b$，所以，

$$f_b = (F_t - K_b)\mathrm{e}^{-r(T-t)}$$

由于 F_t 既是合约 A 的远期价格也是合约 B 的远期价格，所以对于远期合约的多头方，合约的价值是：

$$f_t = (F_t - K)\mathrm{e}^{-r(T-t)} \qquad\qquad 3.4$$

由定义出发，具有交割价格 F_t 的合约在 t 时刻的价值为 0。因此具有交割价格 K 的合约的现值为 $(F_t - K)\mathrm{e}^{-r(T-t)}$。类似地，具有执行价格 K 的远期合约空头的价值为 $(K - F_t)\mathrm{e}^{-r(T-t)}$。

对于无收益证券资产远期合约多头价值为：

$$f_t = (F_t - K)\mathrm{e}^{-r(T-t)} = S_t - K\mathrm{e}^{-r(T-t)} \qquad\qquad 3.5$$

【例 3.4】 某股票现在的市场价格是 20 美元，假定无红利，无风险利率为 5%，若该股票 6 个月的远期合约的交割价格为 23 美元，求该远期合约的价值及远期价格。

由式 3.1 得出 6 个月期的远期价格 F_t（t 为当前时刻）为：

$$F_t = 20\mathrm{e}^{0.05 \times 0.5} = 20.5063 \text{（美元）}$$

由式 3.4 可知远期合约的多头价值为：

$$f_t = (20.5063 - 23)\mathrm{e}^{-0.1 \times 0.5} = -2.4321 \text{（美元）}$$

类似地可以得出，对于支付收入的贴现值为 I 的资产远期合约多头价值为：

$$f_t = S_t - I - K\mathrm{e}^{-r(T-t)} \qquad\qquad 3.6$$

提供收益率 q 的资产的远期合约多头价值为：

$$f_t = S_t\mathrm{e}^{-q(T-t)} - K\mathrm{e}^{-r(T-t)} \qquad\qquad 3.7$$

式 3.4 表示当远期价格变化时，其盈亏等于远期价格的变化的贴现值，并乘以其头寸的数量。

金融学科核心课程系列教材

第三节　远期价格和期货价格的关系

利用套利理论可以证明，当无风险利率为时间的已知函数时，具有某一期限的合约的远期价格与具有同一期限合约的期货价格相等。当利率变化无法预测时（现实世界中就是这样），远期价格与期货价格从理论上会有所不同。考虑标的资产价格 S 与利率高度正相关的情形，当 S 上升时，一个期货多头的持有者因为期货的每日结算会马上获利，期货价格与利率的正相关性造成利率也可能马上上升，这时获得的利润将会高于以平均利率作为回报的投资所带来的利润。同样当 S 下跌时，投资者马上会遭受损失，这时亏损的融资费用会低于平均利率，持有远期多头而不是期货多头的投资者将不会因为利率的这种上下变动而受到影响。所以在其他条件相同的情况下，期货的多头比远期的多头更具吸引力。因此当 S 与利率有正的相关性时，期货价格会稍稍高于远期价格；相反类似的可得出当 S 与利率有负的相关性时远期价格稍稍高于期货价格。

远期合约与期货合约的盈亏都可以之前的式 3.4 表示：

$$f_t = (F_t - K)\,e^{-r(T-t)}$$

当远期价格变化时，其盈亏等于远期价格的变化的贴现值，并乘以其头寸的数量。而期货合约因为每日结算，当期货价格变化时期货合约的盈亏马上就可以兑现，等于其价格变化乘以持有期货的头寸数量。

另外，远期合约通常约定合约交割日为将来的某一天，期货合约通常允许合约的空头方在将来某一特定时间段中的任意时间进行交割。正因为期货合约的交割期为一段期限，空头可以在此期限内随意决定交割日期，这种选择权使得期货定价更加复杂。此外在实际交易中会包含一些模式没有考虑的因素如税务、交易费用、保证金制度及对手违约风险等使定价更复杂。在短期内期货及远期价格的理论差异很少，对于大多数情形假定远期价格等于期货价格具有一定的合理性。在本书中若不特别说明都采用此假定，认为远期合约和期货等同，并用符号 F_t 来代表时刻 t 时某标的资产的远期价格及期货的当前价格。

关 键 词 汇

利率　远期价格　无收益证券

思　考　题

1. 为什么可以将外币视为提供已知收益率的资产？

2. 一家出口企业在未来会收到一笔外汇，但时间不确定，为了规避外汇风险，其同银行来商定某远期外汇合约，但由于收到的时间无法确定想在远期合约中注明交割时间为一个时间段，以保证在收到外汇时再执行远期外汇合约。假定你处在银行的位置，你会如何来对这家公司需要的产品定价。

3. 一个不支付红利的股票的远期合约空头，3 个月后到期。假设价格为 40 美元，3 个月期无风险利率为年利率 5%。假定远期价格为 43 美元，套利者以 5% 的无风险年利率借入 40 美元，买一只股票，并在远期市场上做空头（3 个月后卖出股票）。该套利者在 3 个月后的收益是多少？

4. 瑞士法郎的年利率为 2%，美元的年利率为 3%。瑞士法郎的即期价格为 1.0023 美元。在 1 年后交割的期货价格为 1.2 美元/瑞士法郎，有无套利机会？若有，如何套利？

5. 假设沪深 300 指数目前为 2 300 点，无风险连续复利年利率为 5%，沪深 300 指数股息收益率为每年 1%，求该指数 6 个月期的期货价格。

6. 某股票预计在 2 个月和 5 个月后每股分别派发 1 元股息，该股票目前市价等于 40 元，所有期限的无风险连续复利年利率均为 10%，某投资者刚取得该股票 6 个月期的远期合约空头，请问：

（1）该远期价格等于多少？若交割价格等于远期价格，则远期合约的初始值等于多少？

（2）4 个月后，该股票价格涨到 45 元，此时远期价格和该合约多头价值等于多少？

7. 一家银行向其企业客户提供两种选择：一是以 7% 利率借入现金，二是以 3% 利率借入黄金（当借入黄金时，必须支付利息，因此，如果今天借入 100 克，在一年后要还 103 克黄金）。无风险利率为每年 6%，储存费用为每年 0.5%。讨论，同现金贷款利率进行比较，借入黄金的利率是太高还是太低。这里的利率均为每年复利一次，无风险利率和储存费用率均为连续复利。

第四章　期货与远期合约的套期保值策略

建立期货市场的初衷是出于保值的需要。现货交易中所交换的是实物商品，而期货交易中所交换的是代表一定商品所有权关系的期货合约。最终实现实物交割时的商品期货价格与现货价格应当是趋同的。

第一节　投资者的种类

期货、远期以及期权市场自创立以来吸引了众多的投资者，是因为它具有极强的流动性。投资者按交易行为可以分为三大类：投机者、套利者及套期保值者，下面讨论每种类型投资者的交易行为。

一、投机者

投机者愿意承担投机标的（股票、债券、期货、权证、外汇、黄金、邮票、艺术品、房地产等）变动的风险，一旦预测价格将上涨，投机者就会买进；一旦预测价格将下降，投机者就会卖出，待价格与自己预料的方向变化一致时，再抓住机会进行对冲，以此牟利。

投机者是理性寻利者，为了谋取高报酬而冒高风险。由于他们通过分析可能影响价格的因素，寻找目前市价与"真实价值"脱节的产品为投机的产品，并且通过他们的交易行为，把他们所拥有的信息会透过他们的交易价格反映在市场上。例如，他们认为甲股票被低估了，于是进场吸购，造成股价上升。其他原来并不具有同样消息的人也能凭新的股价推知市场上有人看涨这只股票。因此，投机者买低卖高的寻利行为会把市价推近至真实价值。不论是一般商品或金融产品，让其市价能尽量忠实地反映市场的供给与需求是非常重要的，因为价格是市场参与者竞争该产品使用权的依据。如果价格被政府管制或其他因素（如大户非法操纵）扭曲了，将不能确保资源会被最佳使用者取得，这将造成资源的浪费。投机者的贡献就是使市价更能反映资源的经济价值，从而帮助社会资源得到最佳的分配与运用。

当然投机者的判断不是永远都是对的。不过当他们做错了决定的时候，得自己承担损失，因此，在意识到自己判断有误时，他们会立即认错以减少损失。"知错立刻改"以及"对的时候多于错的时候"的特点使得投机族对市场效率的提升功不可没。

二、套利者

我们在上一章中运用无套利定价理论来对期货和远期进行定价，实际上在市场中并非都能实现无套利均衡，无风险套利还是能在一些市场上被发现，套利者就是专门从事发现这种机会的投资者。

套利者是那些利用市场本身出现的机会在不同合约月份、不同市场、不同商品之间的差价，同时买进和卖出相同或相近的数量相等的、方向相反的寻求价差利润的一种交易者。从中我们可以看到套利者与投机者的不同在于：（1）投机者在交易时只是单向的买入或卖出，要么是多头，要么是空头；而套利者则同时买入和卖出，既是多头又是空头。（2）投机者是利用单一期货合约价格波动获取利润，而套利者是利用两个不同的期货合约彼此之间的相对价格差异获取利润，也就是投机者只注意绝对价格波动，而套利者只重视相对价格波动。套利者相对投机者而言风险较小，成熟的交易所对套利者的套利交易收取的交易费用也较低。套利者的交易方式主要有：跨期套利、跨市套利、跨商品套利。

【例4.1】　在纽约和伦敦市场上同时交易的某只股票。假定在纽约市场上该股票的价格为157美元，而在伦敦市场上该股票的价格为100英镑，当时的汇率为1英镑兑1.60美元。套利者可在纽约市场上购买100股该种股票的同时，在伦敦市场上将它们卖出，在不考虑交易成本的情况下，就可获得无风险收益。无风险收益为：

$$100 \times (1.60 \times 100 - 157) = 300 （美元）$$

交易成本可能减少小投资者的收益。但是，大的投资公司在股票市场和外汇市场上的交易成本都很低。它们会发现以上套利机会极具吸引力，并会尽可能地利用这种机会。

套利机会不可能长期存在。随着套利者在纽约市场买入股票，供求关系将会使股票的美元价格上升。与此类似，随着他们在伦敦市场上抛售股票，股票的英镑价格就会下降，很快就会使这两个价格在当时的汇率情况下达到均衡。事实上，急于获利的套利者的存在使得股票的英镑价格和美元价格从一开始就不可能存在如此严重的不平衡，所以我们在给金融产品定价时通常都认为产品是处于无套利均衡中。

三、套期保值者

套期保值者指那些通过放弃部分潜在收益来降低风险的人。套期保值者通常减少风险暴露程度的交易部位，他们的目的在于减少他们已经面临的风险。

假定某美国公司得知在 90 天后将支付其英国的供应商 100 万英镑，该美国公司面临着明显的外汇风险。以美元支付的成本取决于 90 天后的英镑汇率。该公司可以选择签订购买英镑远期合约的策略（假定 90 天的远期汇率为 1.60 美元/英镑），在 90 天后以 160 万美元购买 100 万英镑来进行套期保值，从而锁定了 90 天后收到英镑的汇率。

由于远期合约不需要进行初始投资而期货只需要交少量的保证金，所以它可以为公司节省大量的资金。例如，如果汇率升到每英镑兑 1.8 美元，则公司通过套期保值获得的利益是 20 万美元。但是如果汇率跌到每英镑兑 1.5 美元，则套期保值比不进行套期保值多损失 10 万美元。所以在有些情况下套期保值会比不进行保值表现更差，套期保值的目的就是使最终结果更加确定而不是提高收益。

由于套期保值者的本性决定其具有以下特点：规避价格风险；经营规模大；头寸方向比较稳定，保留时间长。套期保值者为规避现货价格波动所带来的风险，而在金融市场上进行套期保值，因此，没有套期保值者的参与，就不会有金融衍生品市场。套期保值者是期货市场的交易主体，对金融衍生品市场的正常运行发挥着重要作用。

套期保值者要有效地发挥其作用，必须具备一定的条件：具有一定的生产经营规模；产品的价格风险大；套期保值者的风险意识强，能及时判断风险；能够独立经营与决策。同一个人可能在某些风险暴露面前是一个投机者，而在另一些风险面前是一个套期保值者。

套期保值与投机的区别：

（1）交易目的不同。套期保值是为了规避或转移现货价格涨跌带来风险的一种方式，目的是为了锁定利润和控制风险；而投机者则是为了赚取风险利润。

金融学科核心课程系列教材

（2）承受风险不同。套期保值者只承担基差变动带来的风险，相对风险较小；而投机者需要承担价格变动带来的风险，相对风险较大。

（3）操作方法不同。套期保值者的头寸需要根据现货头寸来制定，套期保值头寸与现货头寸操作方向相反，种类和数量相同或相似；而投机者则根据自己的资金量、资金占用率、心理承受能力和对趋势的判断来进行交易。

第二节　套期保值的概述

套期保值（hedging）又译作"对冲交易"，它的基本做法就是买进或卖出与现货市场交易数量相当，但交易方向相反的商品期货合约，以期在未来某一时间通过卖出或买进相同的期货合约，对冲平仓，结清期货交易带来的盈利或亏损，以此来补偿或抵消现货市场价格变动所带来的实际价格风险或利益，使交易者的经济收益稳定在一定的水平。

一、套期保值的基本原理

套期保值基本原理如下：

第一，期货市场并不等同于现货市场，它还会受一些其他因素的影响，因而，期货价格的波动时间与波动幅度不一定与现货价格完全一致，但变动的趋势基本一致。即当特定商品的现货价格趋于上涨时，其期货价格也趋于上涨，反之亦然。这是因为期货市场与现货市场虽然是两个各自分开的不同市场，但对于特定的商品来说，其期货价格与现货价格主要的影响因素是相同的。这样，引起现货市场价格涨跌的因素，也同样会影响到期货市场价格同向的涨跌。套期保值者就可以通过在期货市场上做与现货市场相反的交易来达到保值的功能，使价格稳定在一个目标水平上。

第二，现货价格与期货价格不仅变动的趋势相同，而且，到合约期满时，两者将大致相等。并不完全相等的原因是期货价格包含有储藏该商品直至交割日为止的一切费用，通常远期期货价格要比近期期货价格高。当期货合约接近于交割日时，储存费用会逐渐减少乃至完全消失，这时，两个价格的决定因素实际上已经几乎相同了，交割月份的期货价格与现货价格趋于一致。这就是期货市场与现货市场的市场走势趋同性原理。

二、套期保值的类别

（一）多头套期保值

多头套期保值又称买入套期保值，主要做法是在期货市场购入期货，用期货市场多头保证现货市场的空头，以规避价格上涨的风险。

【例4.2】 11月7日，豆粕的现货价格为每吨3 860元。某饲料企业为了避免将来现货价格可能上升，从而提高原材料的成本，决定在大连商品交易所进行豆粕套期保值交易。而此时豆粕明年8月份期货合约的价格为每吨3 810元，该企业于是在期货市场上买入10手8月份豆粕合约（1手=10吨）。6月1日，他在现货市场上以每吨3 960元的价格买入豆粕100吨，同时在期货市场上以每吨3 900元卖出10手8月份豆粕合约进行平仓。

套期保值结果为：

现货市场损益：$(3\ 860 - 3\ 960) \times 100 = -10\ 000$（元）

期货市场损益：$(3\ 900 - 3\ 810) \times 100 = 9\ 000$（元）

净损失：$-10\ 000 + 9\ 000 = -1\ 000$（元）

所以现货市场亏损100元/吨共10 000元，期货市场盈利90元/吨共9 000元，套期保值的结果为亏损10元/吨共计1 000元。

在该例中，现货价格和期货价格均上升，在期货市场的盈利在很大程度上抵消了现货价格上涨带来的亏损。饲料企业获得了较好的套期保值结果，有效地防止了因原料价格上涨带来的风险。但是，由于现货价格的上升幅度大于期货价格的上升幅度，从而使得饲料企业在现货市场上因价格上升买入现货蒙受的损失大于在期货市场上因价格上升卖出期货合约的获利，盈亏相抵后仍亏损1 000元。

通常生产者多会采用多头套期保值。不论是向市场提供农副产品的农民，还是向市场提供铜、锡、铅、石油等基础原材料的企业，作为社会商品的供应者，为了保证其已经生产出来准备提供给市场或尚在生产过程中将来要向市场出售商品的合理的经济利润，以防止正式出售时价格的可能下跌而遭受损失，可采用多头套期保值的交易方式来减小价格风险，即在期货市场以卖主的身份售出数量相等的期货作为保值手段。具体说来，多头套期保值主要用在下面三种情况中：

（1）加工制造企业为了防止日后购进原材料时价格上涨的情况。如铝型材厂担心日后购进铝锭时价格上涨，用铜企业担心日后电解铜的价格上涨，饲料厂担心玉米、豆粕的价格上涨等。

（2）供货方已经跟需求方签订好现货供货合同，将来交货，但供货方此时尚未购进货源，担心日后购进货源时价格上涨。如某一进出口公司5月底跟外商签订了8月底给外商提供3 000吨优质小麦的合同，价格为2 000元/吨，5月底小麦的现货价格为1 920元/吨，预计将有80元/吨的利润，但由于货款或库存方面的原因，跟外商签订合同时，尚未购进小麦，因为担心8月初到现货市场购进小麦时，小麦价格上涨，造成利润减少或亏损。

（3）需求方认为目前现货市场的价格很合适，但由于目前资金不足或者仓库已满等原因，不能立即买进现货。由于担心日后购进时价格上涨，稳妥的办法是进行套期保值。

（二）空头套期保值

空头套期保值又称卖出套期保值，主要做法是在期货市场中出售期货，用期货市场空头保证现货市场的多头，以规避价格下跌的风险。

【例4.3】 2017年3月份，某铅锭贸易商与冶炼厂签订9月份销售100吨铅锭的销售合同，价格按市价计算，9月份期货价为每吨18 520元，当时现货价为18 100元每吨。贸易商计价格下跌，于是在期货市场上以18 520元每吨的价格，卖出100吨铅期货。到9月份时，现货价跌至每吨17 080元。该公司卖出现货，每吨亏损1 020元；同时在期货市场上以17 500元每吨的价格买入平仓，实现盈利1 020元每吨。期货和现货市场盈亏相抵，有效地防止了铅锭价格下跌的风险。

采购者通常采用空头套期保值，因为他们所面临的市场风险是商品收购后尚未转售出去时，商品价格下跌，这将会使他的经营利润减少甚至发生亏损。为回避此类市场风险，经营者可采用卖期保值方式来进行价格保险。

准备在未来某一时间内在现货市场上售出实物商品的生产经营者。为了日后在现货市场售出实际商品时所得到的价格仍能维持在当前合适的价格水平上，他们最大的担心就是实际在现货市场上卖出现货商品时价格下跌，为此应当采取卖期保值方式来保护其日后售出实物的收益。具体说来，空头套期保值主要用在下面三种情况中：

（1）直接生产商品期货实物的生产企业如农场、工厂等，由于手头有库存产品尚未销售或即将生产、收获某种商品期货实物，担心日后出售时价格下跌。

（2）储运商、贸易商手头有库存现货尚未出售或储运商、贸易商已签订将来以特定价格买进某一商品但尚未转售出去，担心日后出售时价格下跌。

（3）加工制造企业担心库存原料价格下跌。

（三）综合套期保值

对于加工者来说，市场风险来自买和卖两个方面。他既担心原材料价格上涨，又担心成品价格下跌，更怕原材料上升、成品价格下跌局面的出现。只要该加工者所需的材料及加工后的成品都可进入期货市场进行交易，那么他就可以利用期货市场进行综合套期保值，即对购进的原材料进行套期保值，对其产品进行卖期保值减少原料和产品价格波动对他们的影响，锁牢其加工利润，从而专门进行加工生产。

第三节　套期保值策略

套期保值者在实施套期保值策略时要选择用什么期货合约，是做空头还是多头，合约数量是多少，在什么时候购买以及什么时候平仓？下面我们来讨论来如何实施套期保值。

一、基差

由本章第二节可知，套期保值交易并不能完全消除价格波动的风险，因为期货价格的波动时间与波动幅度不一定与现货价格完全一致，这主要来自两方面：一是套期保值者对交易还存在一定的不确定性，如套期保值者对现货交易的时间不确定；二是期货交易的一些制度，例如风险的资产与期货合约的标的资产可能不一致，期货市场上最小交易单位规定使合约资产与风险资产的数量不相等。这些都可以用基差来解释。基差是指某一时刻、同一地点、同一品种的现货价与期货价的差。

$$基差 = 现货价格 - 期货价格$$

基差可正可负，在正常的商品供求情况下，若商品有持有成本及风险的原因，基差一般应为负数，即期货价格应大于该商品的现货价格；当市场商品供应出现短缺、供不应求的现象时，现货价格高于期货价格；当期货合约越接近交割期，基差越来越接近零。

定义以下符号：

S_0——在 0 时刻的即期价格；

S_1——在 T 时刻的即期价格；

金融学科核心课程系列教材

F_0——在 0 时刻的期货价格；

F_1——在 T 时刻的期货价格；

b_0——在 0 时刻的基差；

b_1——在 T 时刻的基差。

0 时刻表示实施套期保值策略的时刻；T 时刻表示套期保值策略实施之后的时刻。

在前一节我们采取现货资产数量和期货资产数量相等、方向相反的方法进行套期保值，假定投资者 A 有 1 单位的现货空头所以可以用 1 个单位的期货多头来进行套期保值，整个套期保值的收益是：

$$(S_0 - S_1) + (F_1 - F_0) = (S_0 - F_0) - (S_1 - F_1) = b_0 - b_1 \qquad 4.1$$

投资者 A 在 T 时刻获得现货资产的实际价格为：

$$S_1 - (F_1 - F_0) = F_0 + b_1 \qquad 4.2$$

同样要是投资者 B 有 1 个单位的现货多头可以用 1 个单位的期货空头来进行套期保值，整个套期保值的收益是：

$$(S_1 - S_0) + (F_0 - F_1) = (S_1 - F_1) - (S_0 - F_0) = b_1 - b_0 \qquad 4.3$$

投资者 B 在 T 时刻出售现货资产的实际价格为：

$$S_1 + (F_0 - F_1) = F_0 + b_1 \qquad 4.4$$

b_1 的变化会影响多头套期保值者和空头套期保值者的收益，同时当 $b_1 > 0$ 时，空头套期保值者 B 将获得更多收益，而多头套期保值者 A 将亏损更多；反之 $b_1 < 0$ 时，多头套期保值者 A 将获得更多收益，而空头套期保值者 B 将亏损更多。

当投资者在实施套期保值策略时，S_0 和 F_0 是已知的，S_1 和 F_1 是未知的，所以 b_0 已知和 b_1 未知。因为这里现货资产数量和期货资产数量相等，若 T 是交割日，那么由于套利在交割日期货价格一般接近现货价格即基差 b_1 约等于零，投资者就把实际价格锁定在了 F_0，实现了完美套期保值，完全消除了价格波动的风险。当 T 不是交割日时（即不是期货合约到期时间），此时 b_1 一般不为 0，但前面讨论过 $b_1 = S_1 - F_1$，S_1 和 F_1 通常变化趋势是相同的，只是幅度有差异。当期货标的资产不同于风险资产时，投资者只是采用一个近似标的资产的期货进行套期保值，因为他们是不同的资产可能变化趋势会不同，幅度也有差异，所以 b_1 一般不为 0，如果资产差异性比较大，则 b_1 可能还会很大，这会使套期保值效果比较差。由于期货价格和现货价格都是波动的，在期货合同的有效期内，基差也是波动的。基差的不确定性被称为基差风险。

二、合约的选择

投资者在套期保值决策中应考虑五个因素。

（一）合约的流动性大小

投资者应选择有足够流动性的合约。根据国外市场的经验，距离到期日远近不同的期货合约流动性大小有非常大的差异。例如 2008 年 1 月到 9 月香港恒生期货当月合约占 86%，次月合约大约占 14%，而远月合约占比不到 0.1%。远月合约流动性非常小，大部分集中在几十到几百手之间，有时候连续好几天都没有成交量。对于这样的合约，一方面价格容易失真，因为成交量小，价格要么固定不动要么大幅跳跃，其走势和股票组合的相关性小；另一方面，如果套期保值所需的期货合约头寸较大，那么投资者很难以合理的价格开仓、调仓和平仓，存在严重的流动性风险。如果用该合约套保，效率会大打折扣。通常短期限的期货合约往往有最强的流动性，因此有时套期保值者会采用短期期货合约并且不断将合约向前展期，以提高流动性。

（二）套期保值的成本

套期保值并非是无成本的，作任何一项决策最终都是收益、风险的权衡，投资者应选择套保成本较小的期货合约。套期保值锁定了风险，但不一定能获得合理的收益，这在很大程度上取决于套期保值的成本。套保成本主要包括两部分，一是期货保证金的机会成本，二是期货的交易成本。在其他风险因素大致相同的情况下，应选择在整个套期保值过程中所需资金最少的合约。期货保证金的大小取决于期货头寸的大小和期货价格。距离到期日远近不同的期货合约，它们的波动状况可能会存在一定的差异，而且与现货的关系也可能明显不同。由于这样的原因，以不同月份的期货合约作为套保工具就可能需要不同的合约数量（即套保比率），从而期货合约占用的资金也不同，期货的交易成本取决于期货头寸的持有量、调整量、调整次数以及展期次数。因此，应选择套保比相对稳定、期限相对匹配的期货合约进行套保，减少调整的幅度和次数，控制交易成本。

（三）期货合约的标的资产

如果存在与风险资产一致的期货合约中，则应选择此期货合约。在其他情况下，应该选择一个与风险资产相关性很高的期货合约，可以是正相关，也可以是负相关，由套期保值的原理可知，进行套期保值的投资组合中现货资产与期货资产应有共同的趋势，这里才能构造投资组合，并且相关程度越高，投资组合的风险越低。

（四） 期货合约的期限

选择期货合约的期限时，应当尽量使套保期与期货合约到期日保持一致或接近。一般来说，期货合约到期日应当在套期保值期之后的最近交割月份。因为，在期货合约到期日，期货价格和现货价格有趋同性，即基差等于 0，因为套期保值开始基差是确定的，所以套期保值的收益也确定从而能完全规避价格波动的风险，如果期货合约的到期日离现货市场买进（或卖出）的时间太超前或太滞后的话，则基差的不确定会导致盈亏的不确定，因此可能达不到套期保值的目的；另外，如果期货合约的到期日离现货市场买进（或卖出）太超前的话，期货合约到期时需要展期，这不仅增加了交易成本，而且也带来展期风险。因此，在套期保值的决策时，主要是考虑月份的相同或相近的期货合约，即选择股指期货合约的交割月份最好是与未来买入或卖出风险资产的时间相同或相近。

（五） 期货合约的数量

当风险资产和期货的标的资产一样时，选取期货合约的数量只需要等于所对应的风险资产的数量。但当风险资产和期货的标的资产不同时，选取期货合约的数量通常不等于所对应的风险资产的数量。下面主要讨论这一情况，首先定义一个概念，套期保值比率是指期货合约的资产数量与风险资产数量的比率。所以当风险资产和期货的标的资产一样时，套期保值比率等于 1；当两者不一样时套期保值比率等于 1 则不一定是最能减少风险的。下面讨论一下如何确定此比例，先定义一些符号：

S_t——在套期保值开始时的即期价格；

S_T——在套期保值结束时的即期价格；

F_t——在套期保值开始时的期货价格；

F_T——在套期保值结束时的期货价格；

ΔS——在套期保值期限内，即期价格 S 的变化，S 的波动率；

ΔF——在套期保值期限内，期货价格 F 的变化，F 的波动率；

σ_s——ΔS 的标准差；

σ_F——ΔF 的标准差；

ρ——ΔS 与 ΔF 之间的相关系数；

n——套期保值比率；

Q_s——风险资产的数量；

Q_F——1 张期货合约的标的资产的数量；

N——用于套期保值的最优期货合约数量。

所以对于拥有一个单位资产和用 n 个单位的期货合约空头的套期保值者，在套期保值结束时的总收益为：

$$R = S_T + n \times (F_t - F_T) = S_t + (S_T - S_t) - n \times (F_T - F_t) = S_t + \Delta S - n \times \Delta F \quad 4.5$$

套期保值的目的是使风险最小（当然最好为 0），也就是让 R 的方差最小，而 S_t 在实施套期保值时是已知的，所以 R 的方差只与 $(\Delta S - n \times \Delta F)$ 有关，即：

$$\min D(R) = D(\Delta S - n \times \Delta F) = \sigma_s^2 + n^2 \sigma_F^2 - 2n\rho\sigma_s\sigma_F$$

求极小值的条件为一阶导数为 0，二阶导数大于 0：

$$\frac{\partial D(R)}{\partial n} = 2n\sigma_F^2 - 2\rho\sigma_s\sigma_F = 0$$

$$\Rightarrow n = \rho \frac{\sigma_S}{\sigma_F}$$

$$\frac{\partial^2 D(R)}{\partial n^2} = 2\sigma_F^2 > 0 \qquad 4.6$$

同理，对于多头套期保值者也一样可以得到这样的结论。此时应采用的期货合约的数量为：

$$N = \frac{nQ_S}{Q_F} \qquad 4.7$$

由于 N 为期货合约的数量，所以 N 理论上应该只能是整数，但计算时大多数不为整数，此时可以采用四舍五入近似到最近的一个整数，但显然这样做的结果会降低套期保值的效果。

【例 4.4】　某公司将在 1 个月后购买 5 000 吨大豆，该公司测算出 1 个月内每吨大豆现货价格变动的标准差 $\sigma_s = 0.033$，1 个月内大豆期货价格变动的标准差 $\sigma_F = 0.039$，1 个月内大豆现货价格的变动与 1 个月内大豆期货价格变动的相关系数 $\rho = 0.85$，目前国内 1 张大豆期货合约的标的是 10 吨大豆。该公司进行套期保值应该持有几张期货合约？

最佳套期比率 n = 0.85 × 0.033/0.039 = 0.72

该公司应购买期货合约为 0.72 × 5 000/10 = 360（张）。

关 键 词 汇

投机者　套利者　套期保值者　基差

思 考 题

1. 三类投资者之间的差异？

2. 期货有哪些风险？

3. 8 月份，某油厂预计 12 月份需用 200 吨大豆做原料。当时大豆的现货价格为 2 700 元/吨。若 4 个月后，大豆的现货价格涨到 2 900 元/吨，期货市场上当时交割的价格为 2 950 元/吨。问该厂商应如何套期保值？

4. 6 月份，大豆在现货市场的价格为 2 000 元/吨，某农场对该价格比较满意，但要等到 9 月份才能将 100 吨大豆出售，因此担心价格下跌带来损失，为避免风险，决定在期货市场进行套期保值，此时期货市场的 9 月份大豆期货价格为 2 050 元/吨。若 9 月份，大豆的现货价格跌到 1 880 元/吨，期货价格为 1 930 元/吨。该农场应如何套期保值及评价套期保值的效果？

练 习 题

一、单项选择题

1. 某加工商为避免大豆现货价格风险，做多头套期保值，买入 10 手期货合约建仓（1 手 =10 吨），基差为 -20 元/吨，卖出平仓时的基差为 -50 元/吨，该加工商在套期保值中的盈亏状况是（　　　）。

    A. 盈利 3 000 元   B. 亏损 3 000 元

    C. 盈利 1 500 元   D. 亏损 1 500 元

2. 下列何者不应以卖出期货来避险？（　　　）

    A. 农场   B. 生产原油者

    C. 铜生产企业   D. 大宗物资进口商

3. 下列何人会采用多头套期保值？（　　　）

    A. 半导体出口商   B. 发行公司债的公司

    C. 预期未来会持有现货者   D. 铜矿开采者

4. 套期保值的效果主要是由（　　　）决定的。

    A. 现货价格的变动程度   B. 期货价格的变动程度

    C. 基差的变动程度   D. 交易保证金水平

5. 在临近交割月时，期货价格和现货价格将会趋于一致，这主要是由于市场中（   ）的作用。

    A. 套期保值行为　　　　　　　　B. 过度投机行为

    C. 套利行为　　　　　　　　　　D. 保证金制度

  6. 如果某甲预期下半年小麦歉收，将导致小麦期货价格上涨，为了赚取利润，则他不应（   ）。

    A. 买入小麦现货　　　　　　　　B. 买入小麦期货

    C. 买入小麦现货并卖出小麦期货　D. 以上皆非

  7. 某贸易商以 5.82 美元/英斗价格买入 53 000 英斗小麦，并同时以 7.05 美元/英斗卖出 10 手期约，每手 5 000 英斗。3 个月后，以 5.90 美元/英斗卖出小麦，并以 7.03 美元/英斗在期货平仓，问结果如何？（   ）

    A. 获利 5 240 美元　　　　　　　B. 获利 5 300 美元

    C. 损失 5 240 美元　　　　　　　D. 获利 5 000 美元

  8. 某纺织厂向美国进口棉花 250 000 磅，当时价格为 72 美分/磅，为防止价格上涨，所以买了 5 手棉花期货避险，价格 78.5 美分/磅。后来交货价格为 70 美分/磅，期货平仓于 75.2 美分/磅，则实际的成本为（   ）。

    A. 73.3 美分　　　　　　　　　　B. 75.3 美分

    C. 71.9 美分　　　　　　　　　　D. 74.6 美分

  9. 套期保值效果与下列何者之关系最密切？（   ）

    A. 目前期货价格　　　　　　　　B. 期货价格走势

    C. 基差变动　　　　　　　　　　D. 现货价格走势

  10. 以买进期货来规避涨价风险者，在标的物跌价时（   ）。

    A. 仍能得到跌价的好处　　　　　B. 反须承担跌价的损失

    C. 跌价对其毫无影响　　　　　　D. 仅受基差风险影响

  11. 某工厂预期半年后须买入燃油 126 000 加仑，目前价格为 0.8935 美元/加仑，该工厂买入燃油期约，成交价为 0.8955 美元/加仑，半年后，以 0.8923 美元/加仑购入燃油，并以 0.8950 美元/加仑平仓，则净进货成本每加仑为（   ）。

    A. 0.8928 美元　　　　　　　　　B. 0.8918 美元

    C. 0.894 美元　　　　　　　　　　D. 0.8935 美元

  12. 6 月 5 日，大豆现货价格为 2 020 元/吨，某农场对该价格比较满意，但大豆 9 月份才能收获出售，由于该农场担心大豆收获出售时现货市场价格下跌，从而减少收益。为了避免将来价格下跌带来的风险，该农场决定在大连商品交易所进行大豆套期保值。如果 6 月份该农场卖出 10 手 9 月份大豆合约，成交价格

2 040 元/吨，9 月份在现货市场实际出售大豆时，买入 10 手 9 月份大豆合约平仓，成交价格 2 010 元/吨。在不考虑佣金和手续费等费用的情况下，9 月对冲平仓时基差应为（　　）元/吨能使该农场实现有净盈利的套期保值。

    A. > -20   B. < -20

    C. <20   D. >20

13. 7 月 1 日，大豆现货价格为 2 020 元/吨，某加工商对该价格比较满意，希望能以此价格在一个月后买进 200 吨大豆。为了避免将来现货价格可能上涨，从而提高原材料成本，决定在大连商品交易所进行套期保值。7 月 1 日买进 20 手 9 月份大豆合约，成交价格 2 050 元/吨。8 月 1 日当该加工商在现货市场买进大豆的同时，卖出 20 手 9 月大豆合约平仓，成交价格 2 060 元。请问在不考虑佣金和手续费等费用的情况下，8 月 1 日对冲平仓时基差应为（　　）元/吨能使该加工商实现有净盈利的套期保值。

    A. > -30   B. < -30

    C. <30   D. >30

14. 某交易者在 5 月 30 日买入 1 手 9 月份铜合约，价格为 17 520 元/吨，同时卖出 1 手 11 月份铜合约，价格为 17 570 元/吨，7 月 30 日，该交易者卖出 1 手 9 月份铜合约，价格为 17 540 元/吨，同时以较高价格买入 1 手 11 月份铜合约，已知其在整个套利过程中净亏损 100 元，且交易所规定，1 手 = 5 吨，试推算 7 月 30 日的 11 月份铜合约价格为（　　）。

    A. 17 610 元/吨   B. 17 620 元/吨

    C. 17 630 元/吨   D. 17 640 元/吨

15. 某客户开仓卖出大豆期货合约 20 手，成交价格为 2 020 元/吨，当日结算价格为 2 040 元/吨，交易保证金比例为 5%，则该客户当天需交纳的保证金为（　　）。

    A. 20 400 元   B. 20 200 元

    C. 20 300 元   D. 0 元

二、多项选择题

1. 下列属于正向市场的有（　　）。

    A. 期货价格低于现货价格

    B. 期货价格高于现货价格

    C. 近期月份合约价格低于远期月份合约价格

    D. 近期月份合约价格高于远期月份合约价格

2. 期货市场上的套期保值可以分为（　　　）最基本的操作方式。
　　A. 生产者套期保值　　　　　　　B. 经销商套期保值
　　C. 多头/买入套期保值　　　　　　D. 空头/卖出套期保值

3. 套期保值的操作方法有（　　　）。
　　A. 交易方向相反原则　　　　　　B. 商品种类相同原则
　　C. 商品数量相等原则　　　　　　D. 月份相同或相近原则

4. 卖出套期保值者在（　　　）情况下可以盈利。
　　A. 基差从 -20 元/吨变为 -30 元/吨
　　B. 基差从 20 元/吨变为 30 元/吨
　　C. 基差从 -40 元/吨变为 -30 元/吨
　　D. 基差从 40 元/吨变为 30 元/吨

5. 下列哪些企业更可能在期货市场上采取套期保值（　　　）。
　　A. 铝型材厂　　　　　　　　　　B. 用铜企业
　　C. 农场　　　　　　　　　　　　D. 榨油厂

三、判断题

1. 期货交易的交割制度，保证了现货市场与期货市场价格随期货合约到期日的临近，两者趋向一致。（　　　）

2. 多头套期保值要求在多头期货合约的同时要卖出现货，以后等合约盈利时再平仓。（　　　）

3. 基差的变动比期货价格和现货价格相对要大一些。（　　　）

4. 只有使所选用的期货合约的交割月份和交易者决定在现货市场上实际买进或卖出现货商品的时间相同或相近，才能增强套期保值效果。（　　　）

5. 卖出套期保值是指交易者先在期货市场卖出期货，当现货价格下跌时以期货市场的盈利来弥补现货市场的损失，从而达到保值目的的一种套期保值方式。（　　　）

6. 现货市场与期货市场是两个各自独立的市场，会受到不同的经济因素的影响和制约，因而一般情况下两个市场的价格变动趋势不相同（　　　）

7. 在正向市场上，只要基差变大，无论期货、现货价格是上升还是下降，买入套期保值者都不可能得到完全保护。（　　　）

8. 传统的套期保值是指生产经营者同时在期货市场和现货市场进行交易部位相同的交易，使一个市场的盈利弥补另一个市场的亏损，从而在两个市场建立对冲机制，以规避现货市场价格波动的风险。（　　　）

9. 基差的数值并不是恒定的，基差的变化使套期保值承担着一定的风险，套期保值者并不能完全将风险转移出去。　　　　　　　　　（　　）

10. 只有在加工制造企业为了防止日后购进原料时价格上涨的情况下，才利用买入套期保值。　　　　　　　　　　　　　　　　　　（　　）

11. 套期保值是交易者将在现货市场上买进或卖出一定量的现货商品的同时，在期货市场上买进或卖出与现货品种相同，数量相当，方向相同的期货合约。　　　　　　　　　　　　　　　　　　　　　　　（　　）

12. 卖出保值所付出的代价是保值者放弃了日后如果出现价格有利对获得更高的利润的机会。　　　　　　　　　　　　　　　　　　（　　）

13. 套期保值的目的主要是为了规避现货市场的价格风险。　（　　）

14. 基差是现货价格与期货价格的变动幅度和变化方向不一致所引起的，所以，只要套期保值者随时观察基差的变化，并选择有利的时机完成交易，就会取得较好的保值效果，甚至获得额外收益。　　　　　　　　　　（　　）

15. 套期保值之所以能有助于规避价格风险，达到套期保值的目的，是因为同种商品的期货价格走势与现货价格走势趋同，并且在临近交割时更加趋于一致。　　　　　　　　　　　　　　　　　　　　　　　（　　）

16. 买入套期保值对需要库存的商品来说，节省了一些仓储，保险费用和损耗费。　　　　　　　　　　　　　　　　　　　　　　　　（　　）

17. 在进行基差交易时，不管现货市场上的实际价格是多少，只要套期保值者与现货交易的对方协商得到的基差，正好等于开始做套期保值时的基差，就能实现完全套期保值，取得完善的保值效果。　　　　　　　　　　（　　）

18. 基差是某一特定地点某种商品的现货价格与同种商品的某一特定期货合约价格间的价差。　　　　　　　　　　　　　　　　　　（　　）

19. 买入套期保值是指交易者先在期货市场买入期货，以便将来在现货市场卖出现货时不致因价格下降而给自己造成经济损失的一种套期保值方式。　（　　）

20. 买入套期保值要求在买入期货合约的同时要卖出现货，以后等合约盈利时再平仓。　　　　　　　　　　　　　　　　　　　　　（　　）

第五章 股指期货、远期外汇合约、远期利率合约和利率期货

远期合约期货的标的资产分为两大类：商品和金融资产。金融资产主要分为股权类资产、外汇和利率，本章主要介绍其中的股指期货、远期外汇合约、远期利率合约和利率期货。

第一节 股指期货

一、股指期货概述

股指期货最早出现于美国市场。20 世纪 70 年代，西方各国受石油危机的影响经济滞胀，经济增长缓慢，物价飞涨，政治局势动荡，利率波动剧烈，导致股票市场价格大幅波动，当时股票市场经历了"二战"后最严重的一次危机，在 1973～1974 年的股市下跌中道琼斯指数跌幅达到了 45%。投资者迫切需要一种能够有效规避风险、实现资产保值的金融工具，开始研究用于规避股票市场系统性风险的工具。堪萨斯市交易所（KCBT）在 1977 年 10 月向美国商品期货交易委员会（CFTC）提交了开展股票指数期货交易的报告，1982 年 2 月，美国商品期货交易委员会（CFTC）批准推出股指期货。同年 2 月 24 日，美国堪萨斯期货交易所（KCBT）推出了全球第一只股指期货合约——价值线综合指数期货合约；4 月 21 日，芝加哥商业交易所（CME）推出了 S&P500 指数期货合约；5 月 6 日，NYFE 推出了 NYSE 综合指数期货交易。股指期货一诞生，就取得了空前的成功，价值线指数期货合约推出的当年就成交了 35 万张，S&P500 股指期货的成交量则更大，达到 150 万张。1984 年，股票指数期货合约交易量已占美国所有期

金融学科核心课程系列教材

货合约交易量的 20% 以上，其中，S&P500 股指期货的交易量更是引人注目，成为世界上第二大金融期货合约。股指期货的成功，不仅大大促进了美国国内期货市场的规模，而且也引发了世界性的股指期货交易热潮。不但引起了国外一些已开设期货交易的交易所竞相仿效，纷纷开办其各有特色的股指期货交易，连一些从未开展期货交易的国家和地区也往往将股指期货作为开展期货交易的突破口。目前，全部成熟市场及绝大多数的新兴市场都有股指期货交易，股指期货成为股票市场最为常见、应用最为广泛的风险管理工具。按照世界交易所联合会的统计，2009 年全球股指期货的交易量高达 18.18 亿手。其中，美国的小型 S&P 500 指数期货、欧洲的道琼斯欧元 Stoxx 50 指数期货、印度的 S&P CNX Nifty 指数期货、俄罗斯的 RTS 指数期货、韩国的 Kospi 200 指数期货和日本的小型日经 225 指数期货等成交活跃，居全球股指期货合约交易量前六位。据美国期货业协会（FIA）对全球衍生品交易所的统计，2016 年全球场内期货和期权总交易量再创新高至 252.2 亿手。上一次高点是 2011 年的，总交易量为 249.8 亿手，其中 2016 年股指期货的交易量为 26.7 亿手，个股类期货为 12.3 亿手，股指类和个股类期货占 2016 年期货交易总量的 24.5%。从全球主要衍生品市场来看，股指期货市场均有多个股指期货产品并行，标的指数类型大都涵盖综合性大盘指数、分市场指数、综合性中盘指数、综合性小盘指数、分行业指数及风格类指数等，能够较好地满足各类投资者的需求，并促使境外股指期货市场更加稳定和快速发展。我国继 2010 年 4 月 16 日推出沪深 300 股指期货之后于 2015 年 4 月 16 日又推出了上证 50、中证 500 股指期货。

　　股指期货（share price index futures，SPIF），全称股票价格指数期货，也可称为股价指数期货、期指，是指以股价指数为标的物的标准化期货合约，双方约定在未来的某个特定日期，可以按照事先确定的股价指数的大小进行标的指数的买卖。

　　股指期货与股票相比，有几个非常鲜明的特点，这对股票投资者来说尤为重要：（1）期货合约有到期日，不能无限期持有。股票买入后可以一直持有，正常情况下股票数量不会减少。但股指期货都有固定的到期日，到期就要摘牌。（2）期货合约是保证金交易，必须每天结算。股指期货合约采用保证金交易，一般只要付出合约面值 10%～15% 的资金就可以买卖一张合约，这一方面提高了盈利的空间，但另一方面也带来了风险，因此必须每日结算盈亏。股指期货合约可以十分方便地卖空，等价格回落后再买回。股票融券交易也可以卖空，但难度相对较大。当然一旦卖空后价格不跌反涨，投资者会面临损失。

二、股指期货的定价

对股票指数期货进行理论上的定价，是投资者做出买入或卖出合约决策的重要依据。股指期货实际上可以看做一种证券的价格，而这种证券就是这种指数所涵盖的股票所构成的投资组合。可以利用第三章第二节中收益率为已知的资产定价公式 3.3 为其定价。

【例 5.1】 假设 2017 年 3 月沪深 300 股票指数为 3 463 点，无风险利率 5%，股指年收益率 2%，以沪深 300 指数为标的物的某股指期货合约距离到期日的天数为 90 天，则该合约的理论价格为：

$$F_t = S_t e^{(r-q)(T-t)} = 3\ 463 \times e^{(5\% - 2\%) \times 90/360} = 3\ 489.07\ （点）$$

同样需要指出的是，上面公式给出的是在前面假设条件下的指数期货合约的理论价格。在现实生活中要全部满足上述假设存在着一定的困难。这是因为：首先，在现实生活中再高明的投资者要想构造一个完全与股市指数结构一致的投资组合几乎是不可能的，当证券市场规模越大时更是如此；其次，在短期内进行股票现货交易，往往使得交易成本较大；第三，由于各国市场交易机制存在着差异，如在我国目前就不允许卖空股票，这在一定程度上会影响到指数期货交易的效率；第四，股息收益率在实际市场上是很难得到的，因为不同的公司、不同的市场在股息政策上（如发放股息的时机、方式等）都会不同，并且股票指数中的每只股票发放股利的数量和时间也是不确定的，这必然影响到正确判定指数期货合约的价格。

从国外股指期货市场的实践来看，实际股指期货价格往往会偏离理论价格。当实际股指期货价格大于理论股指期货价格时，投资者可以通过买进股指所涉及的股票，并卖空股指期货而牟利；反之，投资者可以通过上述操作的反向操作而牟利。这种交易策略称作指数套利（index arbitrage）。然而，在成熟市场中，实际股指期货价格和理论期货价格的偏离，总处于一定的幅度内。例如，美国 S&P500 指数期货的价格，通常位于其理论值的上下 0.5% 幅度内，这就可以在一定程度上避免风险套利的情况。

对于一般的投资者来说，只要了解股指期货价格与现货指数、无风险利率、红利率和到期前时间长短有关。股指期货的价格基本是围绕现货指数价格上下波动，如果无风险利率高于红利率，则股指期货价格将高于现货指数价格，而且到期时间越长，股指期货价格相对于现货指数出现升水幅度越大；相反，如果无风险利率小于红利率，则股指期货价格低于现货指数价格，而且到期时间越长，股指期货相对于现货指数出现贴水的幅度越大。

三、股指期货的套期保值

股指期货最主要的功能是通过套期保值操作来规避股票市场的系统性风险。股票市场的风险可分为非系统性风险和系统性风险两个部分。非系统性风险通常可以采取分散化投资方式减低，而系统性风险则难以通过分散投资的方法加以规避。股指期货提供了做空机制，投资者可以通过在股票市场和股指期货市场反向操作来达到规避风险的目的。例如，担心股票市场会下跌的投资者可通过卖出股指期货合约对冲股票市场整体下跌的系统性风险，有利于减轻集体性抛售对股票市场造成的影响。

由于股指期货的套利操作，股指期货的价格和股票现货（股票指数）之间的走势是基本一致的，如果两者步调不一致到足够程度，就会引发套利。如果保值者持有一篮子股票现货，认为目前股票市场可能会出现下跌，但如果直接卖出股票，其成本会很高，于是可以在股指期货市场建立空头，在股票市场出现下跌的时候，股指期货可以获利，以此可以弥补股票出现的损失。这就是所谓的空头保值。

另一个基本的套期保值策略是所谓的多头保值。一个投资者预期要几个月后有一笔资金投资股票市场，但他觉得目前的股票市场很有吸引力，要等上几个月的话，可能会错失建仓良机，于是他可以在股指期货上先建立多头头寸，等到未来资金到位后，股票市场确实上涨了，建仓成本提高了，但股指期货平仓获得的盈利可以弥补现货成本的提高，于是该投资者通过股指期货锁定了现货市场的成本。

股指期货套期保值和其他期货套期保值一样，其基本原理是利用股指期货与股票现货之间的类似走势，通过在期货市场进行相应的操作来管理现货市场的头寸风险。

当投资者持有的股票组合和股指期货的投指相当时，选取期货合约的数量只需要让股指期货的标的资产数量等于所对应的风险资产的数量，即套期保值比率为1。当股票投资组合与股指不同时，可将第四章第三节的期货合约数量的选择中的公式4.6用来计算套期保值比率，即：

$$n = p\frac{\sigma_S}{\sigma_F} \qquad\qquad 5.1$$

采用之前的符号：

σ_S——ΔS 的标准差，此处为股票投资组合的标准差；

σ_F——ΔF 的标准差，此处为股指的标准差；

ρ——ΔS 与 ΔF 之间的相关系数；

n——套期保值比率；

Q_S——风险资产的数量，此处为股票投资组合的数量；

Q_F——1 张期货合约的标的资产的数量，此处为 1 张股指期货合约的标的资产的金额；

N——用于套期保值的最优期货合约数量。

根据资本资产定价模型中的 β 值的计算，可以得到和 n 完全相等的数值，所以可以用 β 值来代替 n 的计算。当 $\beta = 1$ 时，股票投资组合收益往往模拟了以指数代表的股票市场收益；当 $\beta = 2$ 时，股票投资组合超过无风险利率的收益等于股票市场超过无风险收益的两倍；当 $\beta = 0.5$ 时将会是一半，等等。

$$N = \frac{nQ_S}{Q_F} = \frac{\beta Q_S}{Q_F} \qquad\qquad 5.2$$

在实际中套期保值并不是那么简单，若要取得完全套期保值，所持有的股票组合回报率需完全等于股市指数期货合约的回报率。因此，套期保值的效果受以下因素影响：

（1）该投资股票组合回报率的波动与股市期货合约回报率之间的关系，这是指股票组合的风险系数（beta）。

（2）指数的现货价格及期货价格的差距，该差距叫做基点。在套期保值的期间，该基点可能很大或很小，若基点改变（这是常见的情况），便不可能出现完全套期保值，越大的基点改变，完全套期保值的机会便越小。

现时并没有为任何股票提供期货合约，现行市场提供的只有指定股市指数期货。投资者手持的股票组合的价格是否跟随指数与基点差距的变动是会影响套期保值的成功率的。

四、沪深 300 股指期货

沪深 300 股票指数由中证指数公司编制的沪深 300 指数于 2005 年 4 月 8 日正式发布。沪深 300 指数以 2004 年 12 月 31 日为基日，基日点位 1 000 点。沪深 300 指数是由上海和深圳证券市场中选取 300 只 A 股作为样本，其中沪市有 179 只，深市 121 只样本。选择标准为规模大、流动性好的股票。沪深 300 指数样本覆盖了沪深市场六成左右的市值，具有良好的市场代表性。沪深 300 股指期货是

金融学科核心课程系列教材

以沪深300指数作为标的物的期货品种，在2010年4月由中国金融期货交易所推出。沪深300股指期货合约内容如表5.1所示。

表5.1 　　　　　　　　　　　沪深300股票指数的内容

合约标的	沪深300指数
合约乘数	每点300元
报价单位	指数点
最小变动价位	0.2点
合约月份	当月、下月及随后两个季月
交易时间	上午：9：15～11：30，下午：13：00～15：15
最后交易日交易时间	上午：9：15～11：30，下午：13：00～15：00
每日价格最大波动限制	上一个交易日结算价的±10%
最低交易保证金	合约价值的12%
最后交易日	合约到期月份的第三个周五，遇国家法定假日顺延
交割日期	同最后交易日
交割方式	现金交割
交易代码	IF
上市交易所	中国金融期货交易所

（一）　合约标的

沪深300股指期货合约是以中证指数公司编制发布的沪深300指数作为标的指数。沪深300指数成分股票有300只。沪深300指数一直具有较强的市场代表性和较高的可投资性，其市场覆盖率高，主要成分股权重比较分散，能有效地防止市场可能出现的指数操纵行为。据统计，截至2009年12月31日，沪深300指数的总市值覆盖率和流通市值覆盖率约为72%；前10大成分股累计权重约为25%，前20大成分股累计权重约为37%。高市场覆盖率与成分股权重分散的特点决定了该指数有比较好的抗操纵性。沪深300指数成分股行业分布相对均衡，抗行业周期性波动较强，以此为标的的指数期货有较好的套期保值效果，可以满足投资者的风险管理需求。

（二）　合约规格

沪深300股指期货合约乘数为每点300元，也就是说，期货价格每变动1点，合约价值变动300元，1手沪深300股指期货合约的价值等于该合约的报价乘以 300 元。最小变动价位为 0.2 点。合约到期月份为当月、下月及随后两个季月，季月是指 3 月、6 月、9 月和 12 月。交易时间为上午 9：15～11：30，下午 13：00～15：15，最后交易日当月合约交易时间为上午 9：15～11：30，下午 13：00～15：00。每日价格最大波动限制为上一个交易日结算价的 ±10%，季月合约上市首日涨跌停板幅度为挂牌基准价的 ±20%。上市首日成交的，于下一交易日恢复到合约规定的涨跌停板幅度；上市首日无成交的，下一交易日继续执行前一交易日的涨跌停板幅度。交易保证金不低于合约价值的 12%。最后交易日是合约到期月份的第三个周五，遇国家法定假日顺延，交割日期同最后交易日。交割采用现金交割的方式。

（三）保证金制度

期货市场实行保证金制度，开仓资金只需合约价值的 7%～15%。当保证金比例为 7% 时，杠杆比 = 1/0.07 = 14.29（倍），即当期货合约价格变动 1%，开仓保证金盈亏收益率为 14.29%。对于沪深 300 指数期货，交易所收取保证金为 10%，期货公司加收 2 个百分点后实收 12%，即沪深 300 指数期货的杠杆比为 8.33 倍。

期货交易所实行股指期货保证金为合约价值的 12%。当沪深 300 指数期货价格为 2 400 点时，按照每点价值 300 元（即合约乘数）计算，多头买入 2 张合约需投入资金为：

$$开仓保证金 = 2\ 400 \times 300 \times 2 \times 0.12 = 172\ 800（元）$$
$$2\ 张合约总价值 = 2\ 400 \times 300 \times 2 = 1\ 440\ 000（元）$$

当指数期货从 2 400 点上涨 1% 至 2 424 点时，2 张合约价值从 1 440 000 元增加到 1 454 400 元，增加了 14 400 元。相应的开仓保证金从 172 800 元增加到 174 528 元，但仅增加了 1 728 元。可见，虽然沪深 300 指数期货上涨了 24 点，多头持有的 2 张合约盈利 14 400 元，不过因合约价值增加，保证金也要增收 1 728 元，且 14 400/1 728 = 8.33 倍（杠杆比），可见，是杠杆作用使得多头账户上收益的增加值大于交易所增收的保证金，多头账户上增加的可用资金有 12 672 元而非 14 400 元（未计交易手续费）。而对空头来说，2 张合约不仅亏损 14 400 元，且持仓保证金还要从 172 800 元增到 174 528 元，可谓雪上加霜，其开仓保证金亏损了 8.33%。沪深 300 指数期货价位上涨 1%，但空头开仓保证金却亏损 8.33%，期货交易的风险就是以这样的方式放大的。

（四）股指期货开户条件

（1）保证金账户可用余额不低于 50 万元；

（2）具备股指期货基础知识，通过相关测试（评分不低于 80 分）；

（3）具有至少 10 个交易日、20 笔以上的股指仿真交易记录，或者是最近三年内具有 10 笔以上商品期货交易成交记录（两者是或者关系，满足其一即可）；

（4）综合评估表评分不低于 70 分；

（5）中期协无不良诚信记录；不存在法律、行政法规、规章和交易所业务规则禁止或者限制从事股指期货交易的情况。

按照相关规定，有下列情况之一的，不得成为期货经纪公司客户：

国家机关和事业单位；证监会及其派出机构、期货交易所、期货保证金安全存管监控机构和期货业协会的工作人员；证券、期货市场禁止进入者；未能提供开户证明文件的单位；证监会规定不得从事期货交易的其他单位和个人。

第二节　远期外汇合约

远期外汇合约（forward exchange contracts）是指双方约定在将来某一时间按约定的远期汇率买卖一定金额的某种外汇的合约。按照远期的开始时期划分，远期外汇合约又分为直接远期外汇合约（outright forward foreign exchange contracts）和远期外汇综合协议（synthetic agreement for forward exchange，SAFE）。

一、远期汇率

远期汇率是指一个远期市场交易的汇率，与即期汇率相对。外币买卖双方成交后，并不能马上交割，而是约定在以后一定期限内进行交割时所采用的约定汇率。远期汇率是以即期汇率为基础加减升贴水来计算的。远期贬值的货币对另一种相对的货币（升值的货币）叫贴水；反之，远期升值的货币叫升水。即在直接标价法下，若某种货币对美元的远期汇率小于即期汇率，则该货币对美元远期升水（指本币升水）；若某种货币对美元的远期汇率大于即期汇率，则该货币对美元远期贴水。在间接标价法下，正好相反。升贴水合称远期汇水。例如，即期 1 美元 = 8 元人民币，6 个月远期 1 美元 = 7.5 元人民币，则人民币远期升水，美元远期贴水。

远期汇率的报价方法通常有两种：

（1）直接报价法。直截了当地报出远期交易的汇率。它直接表示远期汇率，无须根据即期汇率和升水贴水来折算远期汇率。直接报价方法既可以采用直接标价法，也可以采用间接标价法。它的优点是可以使人们对远期汇率一目了然，缺点是不能显示远期汇率与即期汇率之间的关系。例如，假定美元兑瑞士法郎即期汇率为 USD/CHF：1.0221～1.0224，则 1 个月美元兑瑞士法郎远期汇率的直接报价可以为下述形式：1 个月远期 USD/CHF：1.0215～1.0219，该报价标明 1 个月美元兑瑞士法郎贴水，反之，1 个月瑞士法郎兑美元升水。

（2）点数表示法。也称即期汇率加升水、贴水、平价，是指以即期汇率和升水、贴水的点数报出远期汇率的方法。点数报价法需直接报出远期汇水的点数。远期汇水，是指远期汇率与即期汇率的差额。若远期汇率大于即期汇率，那么这一差额称为升水，表示远期外汇比即期外汇贵。若远期汇率小于即期汇率，那么这一差额称为贴水，表示远期外汇比即期外汇便宜。若远期汇率与即期汇率相等，那么就称为平价。这种报价方法是银行间外汇报价法，通过即期汇率加减升贴水，就可算出远期汇率。

在国际金融市场上，若交易员报出远期汇率买入价点数大于卖出价点数，如 58～52，则表明该远期报价为贴水，远期汇率则等于即期汇率买入价及卖出价分别减去相应远期汇率买入卖出价点数。如上例中，1 个月美元对瑞士法郎远期汇率的买入价点数大于卖出价点数，则 1 个月远期美元贴水，该远期汇率报价为 USD/CHF：1.0215～1.0219。如果远期汇率买入价点数小于卖出价点数，则表明远期报价升水，远期汇率则等于即期汇率买入价及卖出价分别加上远期汇率的买入价及卖出价点数。例如，若某日美元对瑞郎即期汇率为 USD/CHF1.0221～1.0224，若 1 个月美元对瑞郎远期汇率点数为 10～20，则表明 1 个月美元升水，或者说 1 个月瑞郎贴水。1 个月美元对瑞郎远期汇率为 USD/CHF：1.0231～1.0244。这里有一个简单的法则："前小后大，往上加；前大后小，往下减。"

对大多数外汇而言，其美元标价法都为四位小数点，如上述的 USD/CHF：1.0215～1.0219，1 点（point）= 0.0001。唯独日元为两位小数，如 MYM/J￥：118.15，则此时 1 点（point）= 0.01。当使用点数来表示远期汇率时不标出小数点及零位。如美元对瑞士法郎即期汇率为 USD/CHF：1.0221～1.0224，1 个月美元对瑞士法郎远期汇率点数为 6～5。

二、直接远期外汇合约

直接远期外汇合约是指交易双方在成交后并不立即办理交割，而是事先约定币种、金额、汇率、交割时间等交易条件，到期才进行实际交割的外汇交易。最常见的远期外汇交易交割期限一般有 1 个月、2 个月、3 个月、6 个月、12 个月。

若期限再长则被称为超远期交易。

直接远期外汇合约的定价适用于收益率已知的资产的定价公式，假定合约是未来用本国货币交换外国货币，则本币的利率可以认为是无风险利率，外币的利率看做已知收益率。可利用公式 3.3：

$$K = F_t e^{(r-q)(T-t)}$$

请注意，此处：S_t 为即期汇率，F_t 为一单位本币的价格，K 为远期汇率，r 为本国货币的利率，q 为外国货币的收益率。

国内进口商 1 月份进口 500 万欧元的货物，约定 3 个月后付款。进口商担心实际支付货款时，欧元上涨。进口商就采取在外汇期货市场上购入 40 份的 3 个月期交割欧元期货合约，总额为 500 万欧元。假定当时现货市场欧元与人民币比价为 1 欧元 = 7.9247 元人民币，欧元利率为 2%，人民币利率为 5%。此直接远期外汇合约中的远期汇率是多少？

$$K = S_t e^{(r-q)(T-t)} = 7.9247 \times e^{(0.05-0.02) \times \frac{3}{12}} = 7.9844$$

一些涉及外汇的企业可以通过直接远期外汇合约来进行套期保值。如出口贸易合同一般是远期交货合同，从签约到收回货款有一个过程。在多数情况下，货款是以外币来计价和支付的，出口商须将外汇折成本币，因此，任何汇率的波动都会对出口商的实际收入产生影响，特别是在远期付款的条件下，如果计价货币对本币贬值，那么他会受到很大的损失，使出口利润下降，甚至于出口发生亏损。对此，出口商可以利用外汇期货采取卖期保值的方法来避免损失。

【例 5.2】　某出口商 2017 年 3 月 1 日出口货物计价货币 6 000 万英镑，需兑换美元结汇，担心英镑汇价下跌，做空 2 400 张合约期货保值交易（每张合约 2.5 万英镑）。

3 月 1 日，即期价格 1 英镑 = 1.2492 美元：9 月交割的英镑期货价格 = 1.2553 美元

9 月 1 日，即期价格 1 英镑 = 1.2440 美元：9 月交割的英镑期货价格 = 1.2440 美元

计算套期保值的盈亏？

现货市场：6 000 × 1.2492 = 7 495.2（万美元）

　　　　　6 000 × 1.2440 = 7 464（万美元）

净收益 = 7 464 − 7 495.2 = −31.2（万美元）

所以亏损 31.2 万美元。

期货市场 2 400 × (1.2553 − 1.2440) × 2.5 = 67.8（万美元）

总盈亏 = 67.8 − 31.2 = 36.6（万美元）

三、远期外汇综合协议

远期外汇综合协议是指双方约定买方在结算日按照合同中规定的结算日直接远期汇率用第二货币向卖方买入一定名义金额的原货币，然后在到期日再按合同中规定的到期日直接远期汇率把一定名义金额的原货币出售给卖方的协议。即从未来某个时点起算的远期外汇协议，当前约定未来某个时点的远期汇率，其实质是远期的远期。实际中，通常双方在 t 时刻约定买方在结算日 T 时刻按照协议中规定的结算日直接远期汇率 K 用第二货币向卖方买入一定名义金额 A 的原货币，然后在到期日 T^* 时刻再按合同中规定的到期日直接远期汇率 K^* 把一定名义金额（在这里假定也为 A）的原货币出售给卖方。在这里，所有的汇率均指用第二货币表示的一单位原货币的汇率。为论述方便，我们把原货币简称为外币，把第二货币简称为本币。

由定义可以看出远期外汇综合协议可以看做两个远期外汇合约的组合，即在 t 时刻约定买方在结算日 T 时刻按照协议中规定的结算日直接远期汇率 K 用第二货币向卖方买入一定名义金额 A 的原货币，此处为一远期外汇合约，称为甲合约；在到期日 T^* 时刻再按合同中规定的到期日直接远期汇率 K^* 把一定名义金额（在这里假定也为 A）的原货币出售给卖方为另一远期外汇合约，称为乙合约。所以远期外汇综合协议的定价可以由这两个远期外汇合约的价格组合而成。若 K 为 T 时刻的远期汇率，K^* 为 T^* 时刻的远期汇率，可知这远期外汇综合协议的初始价格为 0，当然 K 和 K^* 不为对应时刻的远期汇率时，只要甲合约的价值加乙合约的价值等于零，此远期外汇综合协议也等于零。

【例 5.3】　一公司与银行签订了一份远期外汇综合协议，约定 1 个月后以 $1:6.9072$ 元的汇率买入 100 万美元，4 个月后以 $1:6.9538$ 的汇率卖出 100 万美元。美元兑人民币的即期汇率为 $1:6.8860$，任何期限的美元年化利率为 1%，人民币年化利率则为 3.5%。计算合约的价格。

1 月后的远期汇率为：$6.8860 \times e^{(0.035-0.01)\times1/12} = 6.9004$（元人民币/美元）

4 月后的远期汇率为：$6.8860 \times e^{(0.035-0.01)\times4/12} = 6.9436$（元人民币/美元）

将远期外汇综合协议可分为两个直接远期外汇合约分别为 1 月后和 4 月后。

1 月后直接远期外汇合约的价值为：$100 \times (6.9004 - 6.9072) \times e^{0.035\times1/12} = -0.6859$（万元人民币）

4 月后直接远期外汇合约的价值为：$100 \times (6.9538 - 6.9436) \times e^{0.035\times4/12} = 1.0319$（万元人民币）

金融学科核心课程系列教材

此远期外汇合约协议多头的价值为：$-0.6859 + 1.0319 = 0.3461$（万元人民币）
所以公司要支付给银行 0.3461 万人民币。

第三节　远期利率合约

远期利率协议是一种远期合约，买卖双方（客户与银行或两个银行同业之间）商定将来一定时间点（指利息起算日）开始的一定期限的协议利率，并规定以何种利率为参照利率，在将来利息起算日，按规定的协议利率、期限和本金额，由当事人一方向另一方支付协议利率与参照利率利息差的贴现额。使远期利率协议价格为零的协议利率，称为远期利率。

一、远期利率

所谓远期利率，是指隐含在给定的即期利率中从未来的某一时点到另一时点的利率水平。如 2017 年中国银行整存整取的利率如表 5.2 所示。

表 5.2　　　　　　　　　　　2017 年中国银行整存整取的利率

定期年数	即期单利率（%）	1 元本金的本息和（元）	相邻之差（元）	远期单利率（%）
1	1.75	1.0175	—	—
2	2.25	1.045	0.0275	2.7027
3	2.75	1.0825	0.0375	3.5885
5	2.75	1.1375	0.055	2.5404

注意上述利率是单利率，不是连续复利，另外此处没有四年利率。

例如存 1 元：

存一年本利和为（不计所得税等）$1 \times (1 + 0.0175) = 1.0175$（元）

存两年为 $1 \times (1 + 0.0225 \times 2) = 1.045$（元）

存三年为 $1 \times (1 + 0.0275 \times 3) = 1.0825$（元）

存五年为 $1 \times (1 + 0.0275 \times 5) = 1.1375$（元）

可知第一年末的 1.0175 元再存一年的利息为：$1.045 - 1.0175 = 0.0275$（元）

对应的利率为：$0.0275/1.0175 = 2.7027\%$

第二年末的 1.045 元再存一年的利息为：$1.0825 - 1.045 = 0.0375$（元）

对应的利率为：$0.0375/1.045 = 3.5885\%$

第三年末的 1.0825 元再存二年的利息为：$1.1375 - 1.0825 = 0.055$（元）

$$0.055/2/1.0825 = 2.5404\%$$

这些利率就是远期利率。

用连续复利表示本息和为 Ae^{rt}，用以下公式可求出对应的连续复利

$$r_e = \ln(1 + r_{单} \times t)/t$$

根据公式可将 2017 年中国银行整存整取的利率转化成连续复利，如表 5.3 所示。

表 5.3　　　　　　　2017 年中国银行整存整取的连续复利　　　　单位：%

定期年数	即期连续复利	相邻时间间隔的远期利率
1	1.7349	—
2	2.2008	2.6668
3	2.6424	3.5256
5	2.5767	2.4780

当利率用连续利率来表示时，已知 t_0 时刻到 t_1 的利率为 r_1，t_0 时刻到 t_2 的利率为 r_2，同理可求得 t_0 时刻 t_1 到 t_2 的远期利率 r_f 为：

$$r_f = \frac{r_2(t_2 - t_0) - r_1(t_1 - t_0)}{t_2 - t_1} \qquad 5.3$$

二、远期利率合约

远期利率协议（forward rate agreement，FRA）交易最早起源于 1983 年的伦敦银行间同业拆借市场，是为了管理远期利率风险和调整利率不相匹配而进行的金融创新之一。目前，国际上主要的远期利率协议市场仍然是伦敦市场，其次是纽约市场。据 2007 年 10 月 8 日中国人民银行发布了 2007 年第 20 号公告，正式公布了《远期利率协议业务管理规定》，自 11 月 1 日起即可开展远期利率协议业务。人民币远期利率协议，是指客户与银行约定在未来某一日，交换在约定名义本金基础上分别以合同利率和参考利率计算利息的金融合约。其中，人民币远期利率协议的买方支付以合同利率计算的利息，卖方支付以参考利率计算的利息。目前人民币远期利率协议浮动端利率为 3 个月 SHIBOR 利率等。假设某企业客户计划 3 个月后融入一笔以 3 个月 SHIBOR 利率为基准的短期资金。因担心 SHI-

BOR 利率上涨，客户与银行做人民币远期利率协议交易，向银行支付固定利率 5.80%，从银行收取浮动的 3 个月 SHIBOR 利率，与原贷款成本对冲。中信银行股份有限公司与汇丰银行达成了第一笔人民币远期利率协议，该交易本金为 2 亿元人民币，参考利率是三个月 Shibor。目前我国主要的远期利率协议的品种有 1M×4M、2M×5M、3M×6M、4M×7M、5M×8M、6M×9M 等。

　　远期利率协议是一种远期合约，买卖双方（客户与银行或两个银行同业之间）商定将来一定时间点（指利息起算日）开始的一定期限的协议利率，并规定以何种利率为参照利率，在将来利息起算日，按规定的协议利率、期限和本金额，由当事人一方向另一方支付协议利率与参照利率利息差的贴现额。

　　在这种协议下，交易双方约定从将来某一确定的日期开始在某一特定的时期内借贷一笔利率固定、数额确定，以具体货币表示的名义本金。远期利率协议的买方就是名义借款人，如果市场利率上升的话，他按协议上确定的利率支付利息，就避免了利率风险。但若市场利率下跌的话，他仍然必须按协议利率支付利息，就会受到损失。远期利率协议的卖方就是名义贷款人，他按照协议确定的利率收取利息，显然，若市场利率下跌，他将受益；若市场利率上升，他则受损，从而通过固定将来实际交付的利率而避免了利率变动的风险。

　　FRA 的价格是指从利息起算日开始的一定期限的协议利率，FRA 的报价方式和货币市场拆出拆入利率表达方式类似，但 FRA 报价多了合约指定的协议利率期限。具体 FRA 行情可通过路透终端机的 FRAT 画面得到。FRA 市场定价是每天随着市场变化而变化的，实际交易的价格要由每个报价银行来决定。FRA 市场报价如表 5.4 所示。

表 5.4　　　　　　　　　　　7 月 13 日某 FRA 市场报价

美元	FRA
3×6	8.08% ~ 8.14%
2×8	8.16% ~ 1.22%
6×9	8.03% ~ 8.09%
6×12	8.17% ~ 8.23%

　　表 5.4 中，FRA 报价第三行"6×9，8.03% ~ 8.09%"的市场术语作如下解释："6×9"（6 个月对 9 个月，英语称为 six against nine）表示期限，即从交易日（7 月 13 日）起 6 个月末（即次年 1 月 13 日）为起息日，而交易日后的 9 个月末为到期日，协议利率的期限为 3 个月。它们之间的时间关系如图

5.1 所示。

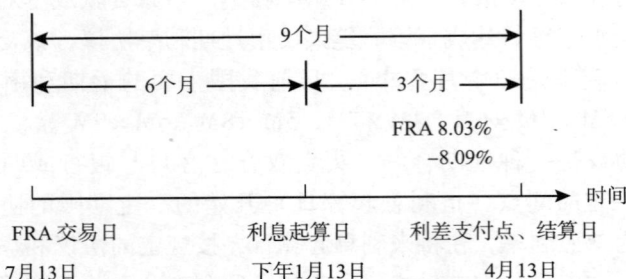

图 5.1　到期日，协议利率的期限之间的时间关系

"8.03% ~8.09%" 为报价方报出的 FRA 买卖价：前者是报价银行的买价，若与询价方成交，则意味着报价银行（买方）在结算日支付 8.03% 利率给询价方（卖方），并从询价方处收取参照利率。后者是报价银行的卖价，若与询价方成交，则意味着报价银行（卖方）在结算日从询价方（买方）处收取 8.09% 利率，并支付参照利率给询价方。

考虑时刻 t 的两个远期利率协议，它们的名义本金均为 A，约定的未来期限均为 $T^* - T$，第一个 FRA 的协议利率采用市场远期利率 r_F，第二个 FRA 的协议利率为 r_K。显然，这两个 FRA 之间的唯一不同就是 T^* 时刻的利息支付。换句话说，t 时刻第二个 FRA 与第一个 FRA 的价值差异就是 T^* 时刻不同利息支付的现值

$$\left(Ae^{r_k(T^* - T)} - Ae^{r_F(T^* - T)} \right) e^{-r(T^* - t)} \qquad 5.4$$

由于第一个 FRA 中的协议利率为理论远期利率，其远期价值应为零。则第二个 FRA 的价值就等于式 5.4。式 5.4 适合于任何协议利率为远期利率协议价值的计算。

第四节　利率期货

一、利率期货概述

自 20 世纪 70 年代中期以来，为了治理国内经济和在汇率自由浮动后稳定汇率，西方各国纷纷推行金融自由化政策，以往的利率管制得以放松甚至取消，导致利率波动日益频繁而剧烈。面对日趋严重的利率风险，各类金融商品持有者，

尤其是各类金融机构迫切需要一种既简便可行又切实有效的管理利率风险的工具。1975 年 10 月，芝加哥期货交易所推出了政府国民抵押贷款协会（GNMA）抵押凭证期货合约，标志着利率期货这一新的金融期货类别的诞生。1976 年 1 月，芝加哥商业交易所的国际货币市场推出了 3 个月期的美国短期国库券期货交易，1977 年 8 月 22 日，美国长期国库券期货合约在芝加哥期货交易所上市，1981 年 12 月，国际货币市场推出了 3 个月期的欧洲美元定期存款期货合约。目前，在期货交易比较发达的国家和地区，利率期货都早已超过农产品期货而成为成交量最大的一个类别。在美国，利率期货的成交量甚至已占到整个期货交易总量的一半以上。

所谓利率期货是指以债券类证券为标的物的期货合约，它可以回避银行利率波动所引起的证券价格变动的风险。利率期货与远期利率协议是不同的，远期利率协议报出的是远期利率，而利率期货所报出的通常并非期货利率，而是与期货利率反向变动的特定价格，期货利率隐含在报价中。由于上述区别，利率期货结算金额为协议价与市场结算价之差，远期利率的结算金额则为利差的贴现值。利率期货存在每日盯市结算与保证金要求，加上结算金额计算方式的不同，决定了远期利率与期货利率的不同。远期利率协议中的多头是规避利率上升风险的一方，而利率期货的多头则是规避期货价格上升风险，即规避利率下跌风险的一方。远期利率协议通常采用现金结算，而利率期货可能需要实物交割，期货交易所通常规定多种符合标准的不同证券均可用以交割，使得利率期货相对复杂。

利率期货的种类繁多，分类方法也有多种。通常，按照合约标的的期限，利率期货可分为短期利率期货和长期利率期货两大类。

全球主要利率期货品种：

（1）最著名的短期利率合约是欧洲美元期货合约。欧洲美元是指存放在美国银行以外用于对非居民进行存贷业务的美元，即离岸美元，其他币种统称离岸货币。

（2）短期利率合约包括美国短期国库券、联邦基金利率合约。

（3）联邦基金利率期货合约：以美国联邦基金利率为标的的利率期货。美联储对美国商业银行短期拆借利率称为联邦基金，代表美元的基础利率。

（4）美国中长期国债期货合约：2 年期、5 年期、10 年期国债期货称中期国债期货；以 10 年期以上国债进行交割的国债期货称为长期国债期货。

（5）在芝加哥商业交易所（CME）有欧洲日元利率期货合约，在英国伦敦国际金融期货交易所（LIFFE）有短期英镑、欧洲瑞士法郎和欧元利率期货合约，在法国国际期货交易所（MATIF）有 3 个月的 EURIBOR 利率合约（EURI-

BOR 是指欧元同业拆放利率），在世界其他交易所也同样有许多诸如此类的利率期货合约。

二、短期利率期货

短期利率期货是指期货合约标的的期限在一年以内的各种利率期货，即以货币市场的各类债务凭证为标的的利率期货均属短期利率期货，包括各种期限的商业票据期货、国库券期货及欧洲美元定期存款期货等。两种最普遍的短期利率期货是短期国债期货和欧洲美元期货。

（一）短期国债期货

美国是当前主要的短期国债市场之一。美国短期国库券是由美国财政部发行的一种短期债券，首次发行时间为 1929 年 12 月。由于短期国库券流动性高，加之由美国政府担保，所以很快就成为颇受欢迎的投资工具。短期国库券的期限分为 3 个月（13 周或 91 天）、6 个月（26 周或 182 天）或 1 年不等。其中，3 个月期和 6 个月期的国库券一般每周发行，3 年期的国库券一般每月发行。与其他政府债券每半年付息一次不同，短期国库券按其面值折价发行，投资收益为折扣价与面值之差。

短期国库券的价格是用年贴现率（名义利率，非连续利率）的形式进行报价的，其计算公式为：

$$年贴现率 = \frac{票面额 - 价格}{票面额} \times \frac{360}{到期天数} \qquad 5.5$$

对应的收益率为：

$$收益率 = \frac{票面额 - 价格}{价格} \times \frac{365}{到期天数} \qquad 5.6$$

短期国库券期货合约的标的资产是一定数量的短期国库券，美国芝加哥商业交易所规定每个短期国库券期货合约代表的是 100 万美元的 91 天（13 周）期的短期国库券，交割月份为每年的 3 月、6 月、9 月和 12 月。在短期国库券期货合约的报价中，期货合约的价格是按市场的价格指数来计算的，即，价格指数 = 100 - 年贴现率×100，一般采用现金结算。

【例 5.4】 如果债券的买入价是 98，债券的期限为 90 天，票面额是 100，求价格指数？

解：债券的年贴现率为：

$$\frac{100-98}{100}\times\frac{360}{90}=92$$

$$价格指数=100-年贴现率\times100=100-8\%\times100=92$$

一张 91 天到期交割的短期国库券的实际价格（现金价格）应为：

$$100-(100-报价指数)\times\frac{90}{360}（万美元）$$

【例 5.5】　如果新发行的短期国库券的年贴现率为 5%，求期货合约的报价和现金价格。

期货合约的价格指数为：

$$100-5\%\times100=95$$

到期交割时的实际价格就为：

$$100-(100-95)\times\frac{90}{360}=98.75（万美元）$$

IMM 13 周国库券期货合约的主要内容如表 5.5 所示。

表 5.5　　　　　　　　　　　IMM 13 周国库券期货合约

交易单位	1 000 000 美元面值的 3 个月期美国政府短期国库券
最小变动价位	0.005 点
最小变动值	12.5 美元
每日波动限价	以前：0.6 点，即每张合约 1 500 美元；现在：无限制
合约月份	3 月、6 月、9 月、12 月
交易时间	芝加哥时间上午 7：20 至下午 2：00
最后交易日	交割日前 1 天
交割日	交割月份中 1 年期国库券尚余 13 周期限的第 1 天
交割等级	还剩余 90、91 或 92 天期限，面值为 1 000 000 美元的短期国库券

资料来源：CME 网站，http：//www.cme.com。

（二）欧洲美元期货

由于美元是国际结算的主要货币，因此，世界各国对美元有大量需求。在 20 世纪 50 年代"冷战"时期，苏联、东欧和中国担心突发事件会导致美国政府冻结和没收他们在纽约联邦银行的存款（1979 年伊朗的人质危机事件使伊朗银行账户遭到冻结）。为了避免这种可能性，共产主义国家把他们的美元存款余额转移到了欧洲的银行，使美元成为脱离美联储管辖的离岸货币，这些美元称为欧洲美元。由于欧洲美元不需要缴纳存款准备金，欧洲美元银行的资金成本较低，存款利率高于美国银行美元存款利率，贷款利率低于美国银行美元贷款利率。欧洲美元的利率多用 LIBOR 表示。

欧洲美元利率期货交易始于 1981 年 12 月芝加哥商品交易所。如同短期国库券期货合约，欧洲美元期货合约的基础资产是 3 个月期限，面值 100 万美元的存款，交割月份为每年的 3 月、6 月、9 月和 12 月。这一工具是不可转让的定期存款而不是可以转让的债券。因此，欧洲美元期货的交割只能是现金交割。芝加哥商业交易所的国际货币市场和伦敦国际金融期货交易所两个期货市场上的欧洲美元期货合约的报价方式非常相似，欧洲美元期货合约的报价是以报价指数来表示，称为"IMM 指数"：

$$\text{IMM 指数} = 100 - \text{欧洲美元期货利率} \times 100$$

如果一份以 3 个月欧洲美元存款为标的资产的期货在利率为 3% 的时候出售，出售的报价就是 97.00。需要注意的是，短期利率期货的报价并不是通常意义上的价格，即 97.00 的价格并不意味着可以卖 97 美元。实际上 3% 代表的是远期利率，以远期利率为执行价格的利率期货，其价值为零。这种报价方式可以使期货价格的变动与预期利率的变动方向正好相反，较低的期货价格意味着较高的利率；反之，较高的期货价格意味着较低的利率。短期利率期货之所以采用这种标价方式，主要有以下两方面原因：一是这种报价方式使得价格变动的方向与利率变动方向相反，这与债券期货，也就是与长期利率期货保持一致。二是这种报价方式意味着期货的买方将从随后的报价上升中获益，而期货的卖方将从报价的下降中获益。买方从报价的上升中获益，卖方从报价的下降中获益，这样的情况符合平常的逻辑。因为意图通过期货进行投机的人，会希望以低利率借入资金（卖出期货）而以高利率贷出资金（买入期货）。如果直接用短期利率期货标的资产的利率来标价，就相当于当利率低的时候卖出期货，当利率高的时候买入期货，这意味着"贵买贱卖"，是违背常规的。尤其是在瞬息万变的期货交易场中，由于许多交易商凭着直觉操作，这样一种策略会使人们容易犯错。基于以上原因，短期利率期货的最初设计者们将此类期货设计为按照一种指数报价，而不是以利率本身作为价格。

3 个月期欧洲美元期货合约的最小变动价位是 1 点，即 0.01%，每变动 1 点的盈亏为：

$$1\,000\,000 \times 0.01\% \times \frac{3}{12} = 25 \text{（美元）}$$

IMM 3 个月欧洲美元期货合约如表 5.6 所示。

表 5.6　　　　　　　　　　IMM 3 个月欧洲美元期货合约

交易单位	本金为 1 000 000 美元，期限为 3 个月的欧洲美元定期存款
最小变动价位	0.01 点
最小变动值	25 美元
每日波动限价	无限制
合约月份	3 月、6 月、9 月、12 月
交易时间	芝加哥时间周一至周五上午 7：20 至下午 2：00
最后交易日	从合约月份第三个星期三往回数的第二个伦敦银行工作日；若该日为纽约或芝加哥银行的假日，则最后交易日为合约月份第三个星期三往回数的第一个伦敦银行工作日
交割方式	现金结算

资料来源：CME 网站，http：//www.cme.com。

三、长期利率期货

　　长期利率期货则是指期货合约标的的期限在一年以上的各种利率期货，即以资本市场的各类债务凭证为标的的利率期货均属长期利率期货，包括各种期限的中长期国库券期货和市政公债指数期货等。美国财政部的中期国库券偿还期限是在 1 年至 10 年之间，通常以 5 年期和 10 年期较为常见。中期国库券的付息方式是在债券期满之前，每半年付息一次，最后一笔利息在期满之日与本金一起偿付。长期国库券的期限为 10 年至 30 年之间，以其富有竞争力的利率、保证及时还本付息、市场流动性高等特点吸引了众多外国政府和公司的巨额投资，国内购买者主要是美国政府机构、联邦储备系统、商业银行、储蓄贷款协会、保险公司等。在各种国库券中，长期国库券价格对利率的变动最为敏感，正是 70 年代以来利率的频繁波动才促成了长期国库券二级市场的迅速扩张。中国金融期货交易所（以下简称中金所）至 2017 年 3 月止有 5 年期国债期货和 10 年期国债期货两种。中金所的 10 年期国债期货合约主要内容如表 5.7 所示。

表 5.7　　　　　　　　　　中金所 10 年期国债期货合约

合约标的	面值为 100 万元人民币、票面利率为 3% 的名义长期国债
可交割国债	合约到期月份首日剩余期限为 6.5～10.25 年的记账式附息国债
报价方式	百元净价报价

续表

最小变动价位	0.005 元
合约月份	最近的三个季月（3月、6月、9月、12月中的最近三个月循环）
交易时间	9：15～11：30，13：00～15：15
最后交易日交易时间	9：15～11：30
每日价格最大波动限制	上一交易日结算价的 ±2%
最低交易保证金	合约价值的 2%
最后交易日	合约到期月份的第二个星期五
最后交割日	最后交易日后的第三个交易日
交割方式	实物交割
交易代码	T
上市交易所	中国金融期货交易所

资料来源：中国金融期货交易所网站 http：//www.cffex.com.cn。

（一）国债现货和期货的净价与全价

债券现货交易又叫现金现货交易，是债券交易中最古老的交易方式。是债券买卖双方对债券的买卖价格均表示满意，在成交后立即办理交割，或在很短的时间内办理交割的一种交易方式。以上交所为例，投资者可直接通过证券账户在上交所全国各证券经营网点买卖已经上市的债券品种，中国债券的现货交易是采用百元净价报价（以每百元面值国债作为报价单位，以净价方式报价）。中国金融期货交易所上市的中长期国债期货有 5 年期国债期货和 10 年期国债期货，这两者的报价也都是百元净价报价，这两者合约标的都是面值 100 万人民币，票面利率为 3% 的名义长期国债，合约月份都是 3 月、6 月、9 月和 12 月，每一个期货合约在任何日期在现货市场上都有许多种符合交割标准的债券可以用于交割。5 年期国债期货和 10 年期国债期货的最后交易日相同，都是合约到期月份的第二个星期五；最后交割日都是最后交易日后的第三个交易日。

净价交易是指在现券买卖时，以不含有自然增长应计利息的价格报价并成交的交易方式。即债券持有期已计利息不计入报价和成交价格中，在进行债券现券交易清算时，买入方除按净价计算的成交价款向卖方支付外，还要向卖方支付应计利息，在债券结算交割单中债券交易净价和应计利息分别列示。与净价相对应的是全价，所谓全价就是债券的净价加应付利息。在净价交易条件下，由于国债交易价格不含有应计利息，其价格形成及变动能够更加准确地体现国债的内在价值、供求关系及市场利率的变动趋势。如一只 100 元面值的新券，年利率为 3%，那么，其发行第一天的理论净价，即排除供求关系和市场利率变动对该券净价的

金融学科核心课程系列教材

影响，应为 100 元，应计利息额为 0 元。此后随着时间的增加，应计利息额也同步增长，半年以后，其理论净价仍然为 100 元，应计利息则由 0 元增加至 1.5 元。如此一来，投资者可以更加方便地计算出国债投资的收益率。

所以在中国国债现货交易中报价（为净价）和实际交易的价格（为全价）是不同的，这两者的关系如下：

$$全价 = 净价（报价）+ 应计利息额$$

应计利息额 = 面值×票面利率/一年付息次数×已计息天数/该付息周期实际天数

上述公式各要素具有以下含义：

应计利息额。零息国债是指发行起息日至成交日所含利息金额；附息国债是指本付息期起息日至成交日所含利息金额。

票面利率。固定利率国债是指发行票面利率；浮动利率国债是指本付息期计息利率。

年度天数及已计息天数。1 年按 365 天计算，闰年 2 月 29 日不计算利息（下同）；已计息天数是指起息日至成交当日实际日历天数。当票面利率不能被 365 天整除时，计算机系统按每百元利息额的精度（小数点后保留 8 位）计算，交割单应计利息总额按"4 舍 5 入"原则，以元为单位保留 2 位小数列示。

国债交易的计息原则是"算头不算尾"，即起息日当天计算利息，到期日当天不计算利息；交易日挂牌显示的每百元应计利息额是包括交易当日在内的应计利息额。

【例 5.6】　假设现在是 2017 年 2 月 16 日，国债 0213 是财政部发行的 2002 年记账式（十三期）国债，发行日期为 2002 年 9 月 20 日，期限 15 年，半年付息一次，付息日期为每年 3 月 20 日、9 月 20 日，票面利率 2.60%，当前报价 99.933。求交易价格是多少？

解：由于 2016 年 9 月 20 到 2017 年 2 月 15 日之间的天数为 149 天（11 + 31 + 30 + 31 + 31 + 15），2016 年 9 月 20 到 2017 年 3 月 19 日之间的天数为 181 天（11 + 31 + 30 + 31 + 31 + 28 + 19），因此应计利息等于：

$$100 \times 2.60\% \div 2 \times \frac{149}{181} = 1.070 （元人民币）$$

该国债的实际交易价格（结算价全价）为：

99.933 + 1.070 = 101.003 （元人民币）

（二）交割债券的选择

利率期货进行实物交割的比例非常低，在美国的中长期国债期货交易中，最后进行实物交割的比例大约在 1% 左右，其他国家的情况也大致相同。尽管利率期货实物交割的比例很低，但实物交割的重要性却丝毫不能忽视，它对期货价格和现货价格二者之间的关系有着重要的影响。投资人若想通过利率期货交易进行避险，他就必须关注期货价格和现货价格之间的关系。中长期利率期货交易中，每一个期货合约都有许多合格的现货债券作为交割标的，凡是到期期限符合规定的国债券都可以用于交割。例如，中国金融期货交易所规定，5 年期国债期货的可交割债券为合约到期月份首日剩余期限为 4～5.25 年的记账式附息国债，10 年期国债期货的可交割债券为合约到期月份首日剩余期限为 6.5～10.25 年的记账式附息国债。卖方可以决定在诸多合格可交割债券中选择一个券种作为交割标的。在通常情况下，卖方会选择最经济的债券作为交割标的，国债期货的价格走势也与该券种的价格最密切，这个最有利于卖方进行交割的券种称为最便宜可交割债券（cheapest to deliver，CTD）。

交割债券可以有很多种，由于每种的价值不同，为了使不同的债券可比，交易所引入了标准券和转换因子。中国金融期货交易所的 10 年国债期货的名义标准券为面值 100 万人民币，票面利率为 3%，在交割月首日的剩余期限为 10 年整，一年付息一次的名义长期国债，其他券种均得按一定的比例折算成标准券，这个比例称为转换因子（conversion factor）。转换因子等于面值为 100 元的各债券的现金流按 3% 的年利率（每年计复利一次）贴现到交割月第一天的价值，再扣掉该债券累计利息后的余额。可交割国债及其转换因子数值由交易所确定并向市场公布。

10 年期国债期货的转换因子（CF）计算公式如下：

$$CF = \frac{1}{\left(1 + \frac{r}{f}\right)^{\frac{xf}{12}}} \times \left[\frac{c}{f} + \frac{c}{r} + \left(1 - \frac{c}{r}\right) \times \frac{1}{\left(1 + \frac{r}{f}\right)^{n-1}} \right] - \frac{c}{f} + \left(1 - \frac{xf}{12}\right)$$

其中：

r——10 年期国债期货合约票面利率 3%；

x——交割月到下一付息月的月份数；

n——剩余付息次数；

c——可交割国债的票面利率；

f——可交割国债每年的付息次数。

计算结果四舍五入至小数点后 4 位。

标的资产为 100 元的长期国债期货合约的买方应该向卖方交付的实际金额 M 为：

金融学科核心课程系列教材

$$M = P \times CF + I \qquad 5.7$$

其中：

P——期货合约的交割结算价格；

CF——卖方所交付券种的转换因子；

I——交割债券的应计利息，每100元可交割国债的应计利息计算公式如下：

$$应计利息 = \frac{可交割国债票面利率 \times 100}{每年付息次数} \times \frac{配对缴款日 - 上一付息日}{当前付息周期实际天数}$$

计算结果四舍五入至小数点后7位。配对缴款日：交易所根据同国债托管机构优先原则，采用最小配对数方法进行交割配对，并于当日11：30前将配对结果和应当缴纳的交割货款通知相关会员。

当然，中国10年期国债期货的标的债券的面值是100万元，所以买方要向卖方支付10 000M元人民币。

【例5.7】　2015年记账式附息（七期）国债息票利率为3.54%，每年4月16日付息一次，2015年4月15日发行，期限7年，交易所公布的转换因子为1.0317。T1703标准券期货交割日的报价为96.6，求空方用该债券交割应收到的现金。

2017年3月的第二个周期五为3月10日，到2016年4月16日的天数为329。

应计利息为：

$$应计利息 = \frac{3.54\% \times 100}{1} \times \frac{329}{365} = 3.1908 （元）$$

空方交割100万元面值该债券应收到的现金为：

$$10\ 000 \times [1.0317(96.6) + 3.1908] = 1\ 028\ 530.2 （元）$$

一般来说，实际息票利率高于国债期货合约息票利率的可交割债券，其转换因子大于1；而实际息票利率低于国债期货合约息票利率的可交割债券，其转换因子小于1。转换因子由交易所计算并公布。

交割最合算债券就是购买交割券的成本与空方收到的现金之差最小的那个债券。

$$交割损失 = 债券报价 + 累计利息 - [期货报价(转换因子) + 累计利息]$$
$$= 债券报价 - 期货报价 （转换因子） \qquad 5.8$$

【例5.8】　假设可供空头选择用于交割的三种国债的报价和转换因子如表5.8所示，而期货报价为95.50元。请确定交割最合算的债券。

表 5.8   **可供交割国债报价及其转换因子**

国债	报价	转换因子
1	155	1.6
2	125	1.2
3	99	0.9

根据以上数据，我们可以求出各种国债的交割差距为：

国债1：$155 - (95.50 \times 1.6) = 2.2$

国债2：$125 - (95.50 \times 1.2) = 10.4$

国债3：$99 - (95.50 \times 0.9) = 13.5$

由此可见，交割最合算的国债是国债1。

四、长期国债期货的定价

由于空头方既拥有选择交割时间的权利，也有选择所交割债券的权利，因此要精确地计算国债期货的理论价格也是较困难的。但是，如果最合算的交割国债和交割日期是已知的，可以通过以下四个步骤来确定国债期货价格：

（1）根据交割最合算的国债的报价，算出交割券的现金价格。

（2）根据交割券的现金价格算出交割券期货理论上的现金价格。

（3）根据交割券期货的现金价格算出交割券期货的理论报价。

（4）将交割券期货的理论报价除以转换因子即为标准券期货理论报价，也是标准券期货理论的现金价格。

【例5.9】 假定已知某一国债期货合约最合算的交割券是息票利率为14%，转换因子为1.5的国债，其现货报价为120元，该国债期货的交割日为270天后。该交割券上一次付息是在60天前，下一次付息是在122天后，再下一次付息是在305天后，市场任何期限的无风险利率均为利率5%（连续复利）。请根据上述条件求出国债期货的理论价格。

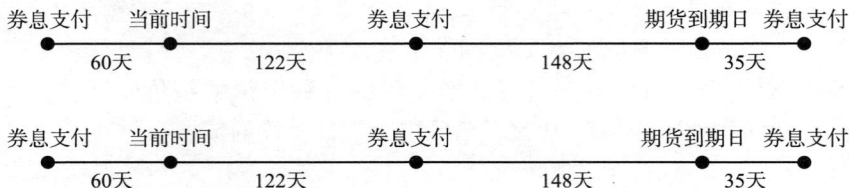

交割券的现金价格为：$120 + 60/182 \times 7 = 122.3077$（元）

计算期货有效期内交割券支付利息的现值。由于期货有效期内只有一次付息，是在 122 天（0.3342 年）后支付 7 元的利息，因此利息的现值为：

$$7\mathrm{e}^{-0.3342 \times 0.05} = 6.8840 \text{（元）}$$

该期货合约的有效期还有 270 天（即 0.7397 年），计算出交割券期货理论上的现金价格为：

$$(122.3077 - 6.8840) \times \mathrm{e}^{0.7397 \times 0.05} = 119.7726 \text{（元）}$$

计算出交割券期货的理论报价。由于交割时，交割券还有 148 天（即 270 - 122 天）的累计利息，而该次付息期总天数为 183 天（即 305 天 - 122 天），可求出交割券期货的理论报价为：

$$119.7726 - 7 \times 148/183 = 114.1114 \text{（元）}$$

标准券的期货报价：

$$114.1114/1.5 = 76.0743$$

五、利率期货的套期保值

利率期货的套期保值中最著名的是久期套期保值。

所谓久期（duration）是用来衡量债券持有者在收到现金付款之前，平均需要等待多长时间。期限为 n 年的零息票债券的久期就为 n 年，而期限为 n 年的附息票债券的久期则小于 n 年。假定某债券持有者在 t_i 时刻收到的现金流为 $c_i(1 \leqslant i \leqslant n)$。则债券价格 B 与收益率 y（连续复利）的关系就为：

$$B = \sum_{i=1}^{n} c_i \mathrm{e}^{-yt_i} \qquad\qquad 5.9$$

因此，债券久期 D 的定义就为：

$$D = \frac{\sum_{i=1}^{n} t_i c_i \mathrm{e}^{-yt_i}}{B} = \sum_{i=1}^{n} t_i \left[\frac{c_i \mathrm{e}^{-yt_i}}{B} \right] \qquad\qquad 5.10$$

所以，

$$BD = \sum_{i=1}^{n} t_i c_i \mathrm{e}^{-yt_i} \qquad\qquad 5.11$$

可见，久期实际上是付款时间的加权平均值，对应 t_i 时刻的权重就等于该时刻所有支付的现值占债券总现值的比率。权重之和为 1。

基于久期的套期比率为：

$$\frac{\partial B}{\partial y} = -\sum_{i=1}^{n} t_i c_i \mathrm{e}^{-yt_i} = BD \qquad\qquad 5.12$$

如果将收益曲线微量平移，使所有期限的利率都增加 Δy，则所有债券的收益率也都增加了 Δy，债券价格增加了 ΔB，其中：

$$\frac{\Delta B}{\Delta y} = -BD$$

或

$$\frac{\Delta B}{B} = -D\Delta y \qquad\qquad 5.13$$

这表明债券价格变化的百分比就等于其久期乘以收益曲线的平行增量。

用 S 表示需进行套期保值的资产的价值，D_S 表示需进行套期保值的资产的久期，F 表示利率期货合约的价格，D_F 表示期货合约标的资产的久期。假定收益曲线只发生平行移动，则根据上述公式，可得一近似公式：

$$\Delta S = -SD_S\Delta y \qquad\qquad 5.14$$

通过合理的近似，同样可得：

$$\Delta F = -FD_F\Delta y \qquad\qquad 5.15$$

因此，为了对冲 Δy 的不确定性，对冲所需要的合约数为：

$$N^* = \frac{SD_S}{FD_F} \qquad\qquad 5.16$$

这就是基于久期的套期比率（duration-based hedge ratio），也称为价格敏感的套期比率（price sensitivity hedge ratio）。运用它可使整个头寸的久期为 0。

【例 5.10】 5 月 5 日，某公司投资经理得知将于 8 月 5 日收到一笔 3 000 000 美元的资金，并计划投资于 6 个月期的短期国库券。当前市场上，9 月份 3 个月期的国库券期货合约的报价为 90，为预防 8 月 5 日收到资金时市场上短期国库券的价格上涨，从而给公司造成损失，该投资经理决定买入 9 月份的短期国库券期货合约进行套期保值。

国库券期货合约的现金价格为：

$$10\,000[100 - 0.25(100 - 90)] = 975\,000(美元)$$

由于短期国库券属贴现债券，因此，该 3 个月期期货合约的标的资产的久期就为 0.25 年，而计划投资的 6 个月期短期国库券的久期就为 0.5 年。

应购买的期货合约数为：

$$\frac{3\,000\,000}{975\,000} \times \frac{0.5}{0.25} = 6.15 \approx 6$$

久期的概念为利率风险管理提供了一个简单的方法。但由于它忽略了凸度因素对组合价值变化的影响，同时，它是建立在收益曲线只能发生平移，即所有利率变化幅度相等的假设上的，而实践中，短期利率的波动率往往高于长期利率，两者之间的相关性并不好，甚至有时变化方向相反。因此，基于久期的套期保值存在着一定的局限性。

关 键 词 汇

股指期货　直接远期外汇合约　远期外汇综合协议　利率期货

思 考 题

1. 远期外汇合约适合哪些类型的套期保值？

2. 如何利用股指期货对单只股票进行套期保值？

3. 已知当前市场上 IMM 指数为 85.50，请问短期国库券的贴现率为多少？如果某投资者按此报价购买一份 3 个月期短期国库券期货合约，当 IMM 指数上涨为 86.50 时，该投资者的盈亏状况如何？

4. 美国某进口商 2 月 10 日从英国购进价值 250 000 英镑的一批货物，1 个月后支付货款。在现货市场上，2 月 10 日现汇汇率为 1 英镑 = 1.6038 美元，为防止英镑升值而使进口成本增加，该进口商买入 2 份 3 月期英国英镑期货合约，面值 125 000 英镑，价格为 1 英镑 = 1.6258 美元。一个月后英国英镑果然升值，3 月 10 日现汇汇率为 1 英镑 = 1.6875 美元，而 3 月期英镑期货价格变为 1 英镑 = 1.7036 美元。

计算：

(1) 该进口商在现货和期货市场上的盈亏情况。

(2) 该进口商实际支付的美元。

5. 某公司在 6 月 20 日预计将于 9 月 10 日收到 2 000 万美元，该公司打算到时将其投资于 3 个月期的欧洲美元定期存款。6 月 20 日的存款利率为 6%，该公司担心到 9 月 10 日时利率会下跌。于是以 93.09 美元的平均价格买进 CME 的 3 个月欧洲美元期货合约进行套期保值（CME 的 3 个月期欧洲美元期货合约面值为 1 000 000 美元）。假设 9 月 10 日时存款利率跌到 5.15%，该公司以 93.68 美元的价格卖出 3 个月欧洲美元期货合约。该公司在期货市场上获利多少？该公司实际收益率是多少？

练 习 题

单项选择题

1. 以下属于中国金融期货交易所上市的 10 年期国债期货合约可能出现的报价是（　　）。

    A. 96.169   B. 96.168

    C. 96.714   D. 96.715

2. 芝加哥商业交易所（CME），3 个月面值 100 万美元的国债期货合约，成交限额指数为 93.58 时，成交价格为（　　）美元。

    A. 93 580   B. 935 800

    C. 983 950   D. 98 390

3. 以 6% 的年贴现率发行 1 年期国债，所代表的年实际收益率为（　　）%。

    A. 5.55   B. 6.63

    C. 5.25   D. 6.38

4. 1 000 000 美元面值的 3 个月国债，按照 8% 的年贴现率来发行，则其发行价为（　　）美元。

    A. 920 000   B. 980 000

    C. 900 000   D. 1 000 000

5. 关于芝加哥商业交易所（CME）3 个月欧洲美元期货，下列表述正确的是（　　）。

    A. 3 个月欧洲美元期货和 3 个月国债期货的指数不具有直接可比性

    B. 成交指数越高，意味着买方获得的存款利率越高

    C. 3 个月欧洲美元期货实际上是指 3 个月欧洲美元国债期货

    D. 采用实物交割方式

6. 下列利率期货合约的标的中，（　　）属于资本市场利率工具。

    A. 可转让定期存单   B. 欧元

    C. 美国政府长期国债   D. 商业票据

7. 未来将购入固定收益债券的投资者，如果担心未来市场利率下降，通常会利用利率期货的（　　）来规避风险。

    A. 买进套利   B. 买入套期保值

    C. 卖出套利   D. 卖出套期保值

8. 沪深 300 股指期货报价的最小变动量是 0.2 点，一份合约的最小变动金额是（　　）元。

    A. 6   B. 60

    C. 20   D. 100

9. 欧洲美元期货是一种（　　）。

    A. 短期利率期货   B. 中期利率期货

    C. 长期利率期货   D. 中长期利率期货

10. 某投资者购买面值为 100 000 美元的 1 年期国债，年贴现率为 6%，1 年以后收回全部投资，则此投资者的收益率（　　）贴现率。

    A. 小于   B. 等于

    C. 大于   D. 小于或等于

11. 面值为 1 000 000 美元的 3 个月期国债，当成交指数为 93.58 时，意味着以（　　）美元的价格成交该国债；当指数增长 1 个基本点时，意味着合约的价格变化（　　）美元。

    A. 987 125；4.68   B. 983 950；25

    C. 948 500；23.71   D. 948 100；25

12. 中长期国债期货在报价方式上采用（　　）。

    A. 价格报价法   B. 指数报价法

    C. 实际报价法   D. 利率报价法

13. 在下列中金所 10 年期国债期货可交割债券中，关于转换因子的判断正确的是（　　）。

    A. 剩余期限 6.79 年，票面利率 2.90% 的国债，转换因子大于 1

    B. 剩余期限 6.62 年，票面利率 3.65% 的国债，转换因子小于 1

    C. 剩余期限 6.90 年，票面利率 3.94% 的国债，转换因子大于 1

    D. 剩余期限 6.55 年，票面利率 3.09% 的国债，转换因子小于 1

14. 中长期国债期货交割中，卖方会选择的交割券种是（　　）。

    A. 息票利率最高的国债   B. 剩余年限最短的国债

    C. 对自己最经济的国债   D. 可以免税的国债

15. 利用利率期货进行空头套期保值，主要是担心（　　）。

    A. 市场利率会上升   B. 市场利率会下跌

    C. 市场利率波动变大   D. 市场利率波动变小

16. 如果欧洲某公司预计将于 3 个月后收到 1 000 万欧元，并打算将其投资于 3 个月期的定期存款。由于担心 3 个月后利率会下跌，该公司应当通过（　　）进行套期保值。

    A. 买入 CME 的 3 个月欧洲美元期货合约

    B. 卖出 CME 的 3 个月欧洲美元期货合约

    C. 买入伦敦国际金融期货交易所的 3 个月欧元利率期货合约

    D. 卖出伦敦国际金融期货交易所的 3 个月欧元利率期货合约

第六章 互 换

　　互换（swaps）是指交易双方现金流量交换的协议，即交易双方在约定的时间内交换一系列现金流的合约。在合约中，双方约定现金流的互换时间及现金流数量的计算方法，一般来讲，对于现金流的计算会涉及利率、汇率及其他市场变量的将来价值。远期合约可以看作仅交换一次现金流的互换。假定，现在时间是2017年3月1日，某公司签署了一个一年期的远期合约，合约规定一年后该公司以每盎司1 256美元的价格购买100盎司的黄金，一年后，公司收到黄金后可以马上在现货市场将黄金出售。那么，这样一个远期合约可以被认为是一个互换合约，在此合约中，公司同意在一年后也就是2018年3月1日以现金125 600美元换取数量为100S美元的现金流，这里的S为一年后黄金的市场价格。在大多数情况下，互换协议的双方通常会约定在未来多次交换现金流，因此互换可以看作是一系列远期的组合。本章介绍了互换的产生与发展，互换的作用，互换的风险；主要阐述了利率互换和货币互换的定义、原理及其作用，利率互换与货币互换的定价计算方法；介绍了商品互换、股权互换、信用违约互换和总收益互换。

第一节 互换概述

一、互换的产生与发展

　　20世纪70年代末，货币交易商为了逃避英国的外汇管制而开发了货币互换，1981年所罗门兄弟公司促成了IBM与世界银行之间基于固定利率的一项货币互换，这被认为是互换市场发展的里程碑。当时由于美元对瑞士法郎（SF）、联邦德国马克（DM）急剧升值，货币之间出现了一定的汇兑差额，IBM公司的资产，多为美元，它想把手头的德国马克和瑞士法郎债券，转换为美元债券，使其资产和负债相对应，以规避汇率风险。而德国马克和瑞士法郎，利率比美元低得多，世界银行想用它降低债务利息，但却无法通过直接发行债券来筹集，而其具有AAA级的信誉，能够从市场上筹措到最优惠的美元借款利率。所罗门兄弟公司利用外汇市场中的汇差以及世界银行与IBM公司的不同需求，通过协商达成互换协议，使世界银行将它的2.9亿美元金额的固定利率债务与IBM公司已有的瑞士法郎和德国马克的债务互换。这是一项在固定利率条件下进行的货币互换，而且在交易开始时没有本金的交换。这项互换使双方筹资成本大大降低。据测算IBM公司债券利率从10%降到8.15%，世界银行将债务利率从16%降到10.13%。

第一个利率互换于1981年出现在伦敦并于1982年被引入美国。从那以后，互换市场发展迅速，全球利率互换和货币互换名义本金金额从1987年年底的8 656亿美元猛增到2016年年底的353.3万亿美元，大约30年增长了400多倍，可以说，这是增长速度最快的金融产品市场。2016年年底，全球利率互换名义本金为327.45万亿美元，货币互换名义本金为25.86万亿美元。利率互换也是全球所有OTC衍生产品中交易量最大的品种，超过60%。

国际互换市场发展迅速的主要原因有：

第一，互换交易在风险管理、降低交易成本、规避管制和创造新产品等方面都有着重要的运用。互换交易集外汇市场、证券市场、短期货币市场和长期资本市场业务于一身，既是融资的创新工具，又可运用于金融管理。互换交易期限灵活，长短随意，最长可达几十年。互换能满足交易者对非标准化交易的要求，运用面很广。

第二，在其发展过程中，互换市场形成的一些运作机制也在很大程度上促进了该市场的发展。如在互换早期，互换市场的最终用户通常是直接进行交易，为了达成交易，互换合约的一方必须找到愿意与之交易的另一方。如果一方对期限或现金流等有特殊要求，他常常会难以找到交易对手。后来，互换市场出现了专门进行做市（make market）的互换交易商（swap dealer），产生了互换仓库。互换仓库的产生使银行成为互换的主体，所以互换市场的流动性较强。

第三，当局的监管态度为互换交易提供了合法发展的空间。互换市场虽然发展迅速，但互换并不在交易所交易，而是通过主要银行进行场外交易。互换市场几乎没有政府监管。

2006年1月，中国人民银行发布《中国人民银行关于开展人民币利率互换交易试点有关事宜的通知》，我国的人民币利率互换市场正式开始。随后，国家开发银行与光大银行完成了首笔50亿元人民币利率互换交易。2008年，中国人民银行在总结人民币利率互换试点经验的基础上，发布了《关于开展人民币利率互换业务有关事宜的通知》，宣布将参与利率互换业务的市场成员扩大至所有银行间市场成员，这标志着人民币利率互换业务在银行间市场的全面展开。此后，《关于人民币利率互换交易备案有关事项的通知》《人民币利率互换交易操作规程》相继出台，进一步完善了人民币利率互换市场的法规制度，改善了人民币利率互换市场的外部环境。为促进场外金融衍生产品市场健康规范发展，中国人民银行 2014 年 1 月发布《关于建立场外金融衍生产品集中清算机制及开展人民币利率互换集中清算业务有关事宜的通知》，明确我国金融衍生品集中清算有关政策，宣布将对银行间市场参与者达成的场外金融衍生品实施集中清算，并赋予了上海清算所"合格中央对手方"的地位。2014 年 7 月 1 日起人民币利率互换交易在上海清算所进行强制集中清算。人民币利率互换集中清算，是指上海清算所对市场参与者达成的利率互换交易进行合约替代，成为中央对手方，并按多边净额方式计算各清算会员在相同结算日的利息净额。与传统的交易双方自行清算、各自承担相应的权利义务不同，集中清算通过引入一个位于交易各方中间的、共同的"对手"，亦称为中央对手方，可以有效地隔离交易个体风险向全市场系统性风险的传染蔓延，并能增强信息透明度。实现集中清算可以有效降低清算成本，提高市场效率，防范系统性风险，加速利率市场化改革。

为满足市场需求，全国银行间同业拆借中心于 2014 年 11 月 3 日推出标准利率互换。标准利率互换对到期日、期限等产品要素进行了标准化设置。首批推出 1 个月标准隔夜指数互换、3 个月标准 Shibor1W 利率互换、3 个月标准 7 天回购利率互换。人民币利率互换市场现已成为我国金融市场不可或缺的一部分，随着人民币利率互换市场参与机构的增多，市场容量的扩大，以及利率波动性日趋扩大，机构通过利率互换管理风险、进行套期保值的需求也不断增强，人民币利率互换市场交易量逐渐放大。2016 年，普通利率互换成交名义本金额 9.9 万亿元，同比增长 20%；标准利率互换成交 8 亿元。普通利率互换期限品种仍以短期品种为主，1 年期及以下交易名义本金额占总成交量的 79.3%；浮动端参考利率主要为 7 天回购定盘利率（FR007），占比达 85.9%。

二、比较优势理论与互换

比较优势（comparative advantage）理论是由英国著名经济学家大卫·李嘉图（David Ricardo）提出的。他认为，在两国都能生产两种产品，且一国在这两种产品的生产上均处于有利地位，而另一国均处于不利地位的条件下，如果前者专门生产优势较大的产品，后者专门生产劣势较小（即具有比较优势）的产品，那么通过专业化分工和国际贸易，双方仍能从中获益。比较优势意味着在选择时会"两优取其更优，两劣取其次劣"。

互换是比较优势理论在金融领域最生动的运用。根据比较优势理论，只要满足以下两种条件，就可进行互换：双方对对方的资产或负债均有需求；双方在两种资产或负债上存在比较优势。上面两点将会在后面的实例中得到具体体现。

互换有以下特点：

（1）互换是一种建立在平等基础之上的合约。

（2）互换所载明的内容是同类商品之间的交换，但同类商品必须有某些品质方面的差别。

（3）互换是以交易双方互利为目的的。

（4）互换交易具有极大的灵活性。

（5）互换不在交易所交易，主要是通过银行进行场外交易。

（6）互换市场几乎没有政府监管。

三、互换的作用

互换主要被用于套利、风险管理与合成新金融产品。无论何种用途，其最终目的都是降低交易成本、提高收益与规避风险。互换的作用主要表现在：

（1）市场之间的套利。在货币市场和资本市场之间、货币市场的不同部门之间、不同货币之间以及其他衍生性产品之间，通过市场间的款项交换，互换交易在金融市场的整合与全球化方面，扮演着关键角色，也促进了金融中介的效率，使借款者能够取得更便宜的资金，放款者则可以获得更优厚的报酬。

（2）风险管理。互换交易可以使互换各方方便地筹集到所希望的期限、币种及利率结构的资金。并可使互换方资产负债相匹配，以适应其资产负债管理要求。通过互换业务，还可以将流动性较差的债务加以转换，并使互换方财务状况得以改善。通过互换，还可以使跨国公司避免外汇管制及税收政策方面的限制，以充分利用跨国公司的独特优势。

（3）合成新产品。互换交易可以根据实际市场状况、投资者预期与需要的不同，与其他金融资产组合，创造出新产品。

四、互换的风险

与互换相联系的风险主要包括信用风险、市场风险。由于互换是交易对手之间私下达成的场外协议，因此包含着信用风险，也就是交易对手违约的风险。当利率或汇率等市场价格的变动使得互换对交易者而言价值为正时，互换实际上是该交易者的一项资产，同时是协议另一方的负债，该交易者就面临着协议另一方不履行互换协议的信用风险。当互换对交易者而言价值为负且协议的另一方即将破产时，理论上该交易者面临一个意外收益，因为对方的违约将导致一项负债的消失。

市场风险也称价格风险，是指由于基础资产价格的变动（如利率或汇率的变动）而导致互换价值有变成负数的可能性。将互换合约的信用风险和市场风险区分开来是十分重要的。信用风险是互换合约对公司而言价值为正时对方不执行合同的风险，而市场风险是由于利率、汇率等市场变量发生变动引起互换价值变动的风险。市场风险可以用对冲交易来规避，信用风险则比较难。

第二节　利 率 互 换

一、利率互换的定义

从最普遍的意义来说，互换实际上是现金流的交换。由于计算或确定现金流的方法有很多，因此互换的种类就很多。其中最简单的互换合约为标准利率互换，该利率互换（interest rate swaps）是指双方同意在未来的一定期限内根据同种货币的同样的名义本金交换现金流，其中一方的现金流根据浮动利率计算出来，而另一方的现金流根据固定利率计算。在利率互换中，交易双方在整个互换过程中并不交换本金，只交换利息差额。互换交易额被称为名义本金，即互换双方不必进行实际本金互换，因为双方彼此互换相同金额的同种货币毫无意义，然而名义本金在互换中是计算利息的基础。

利率互换在一定时间内进行，利率互换标准期限是 1 年、2 年、3 年、4 年、5 年、7 年与 10 年，30 年与 50 年的交易也较常见。利率互换市场变得越来越灵活，使许多派生交易成为可能。

利率互换的浮动利率基准一般是流动性好、不易被操纵且市场公认的短期利率基准，通常是与实际融资成本相关的货币市场利率。最常见的利率互换浮动利率基准是 LIBOR，此外，短期国债利率、商业票据（commercial paper）利率、银行承兑汇票利率、银行存单利率、联邦基金（fed fund）利率及最优惠利率（prime rate）等也常常作为利率基准。

考虑一个虚拟的 A 公司和 B 公司签署的于 2016 年 1 月 5 日开始的 3 年期的利率互换合约。

假定 B 同意向 A 支付年息为 4%（半年付息一次），名义本金 1 亿美元所产生的固定利息；作为回报，A 向 B 支付 6 个月期及由同样本金产生的浮动利息，合约约定双方每 6 个月互换现金流。

第一次利息互换发生在 2016 年 7 月 5 日，这是合约达成的 6 个月之后。B 将向 A 支付 200 万美元的固定利息，[1 亿 ×4% ×0.5 =200（万美元）]，A 向 B 支付 160 万美元的浮动利息，[1 亿 ×3.2% ×0.5 =160（万美元）]，首期支付利息无不确定性，因为这一支付利息是由 2016 年 1 月 5 日签署合约时刻决定的。

这笔互换总共包括 6 笔利息的互换，其中固定利息总是 200 万美元，在浮动利息的付款日所支付的浮动利息是利用付款日之前已确定的 6 个月期的 LIBOR 来计算的。在实践中，利息互换通常只需要支付互换现金流的差额。

表 6.1 展示了 B 公司在此互换中的现金流量表，这里的 1 亿本金只是在计算利息时才被采用，本金并没有互换，这也就是我们把利率互换的本金称为名义本金的原因。

表 6.1　　　　　　利率互换中 B 公司的现金流量（百万美元）

日期	LIBOR（%）	收到的浮动利息	支付的固定利息	净现金流
2016 – 01 – 05	3.20			
2016 – 07 – 05	3.80	+1.60	–2.00	–0.40
2017 – 01 – 05	4.30	+1.90	–2.00	–0.10
2017 – 07 – 05	4.50	+2.15	–2.00	+0.15
2018 – 01 – 05	4.40	+2.25	–2.00	+0.25
2018 – 07 – 05	4.20	+2.20	–2.00	+0.20
2019 – 01 – 05	4.10	+2.10	–2.00	+0.10

二、利率互换的运用

（一）运用利率互换转换负债的利率属性

对于 A 公司而言，它可以运用该笔利率互换将一笔固定利率借款转换成浮动利率借款。假设 A 公司借入了一笔 3 年期的本金为 1 亿美元（与互换的名义本金相同），利率为 4.2% 的固定利率借款。在签订了这笔互换合约以后，A 公司面临 3 个利息现金流：

（1）支付 4.2% 给贷款人。

（2）根据互换支付 LIBOR。

（3）根据互换收入 4%。

这样，A 公司的利息净现金流变成了支付 LIBOR + 0.2% 的浮动利率。因此，运用互换 A 公司可以将一笔利率为 4.2% 的固定利率负债转换成利率为 LIBOR + 0.2% 的浮动利率负债。

对于 B 公司而言，运用利率互换将一笔浮动利率借款转换成固定利率借款。假设 B 公司借入了一笔 3 年期的本金为 1 亿美元（与互换的名义本金相同），利率为 LIBOR 加 30 个基点（一个基点是 1% 的 1%，所以这里的利率是 LIBOR + 0.3%）的浮动利率借款。在签订了这笔互换合约以后，B 公司面临 3 个利息现金流：

（1）支付 LIBOR + 0.3% 给贷款人。

（2）根据互换收入 LIBOR。

（3）根据互换支付 4%。

这样 B 公司的利息净现金流变成了支付 4.3% 的固定利率。因此运用互换 B 公司可以将一笔利率为 LIBOR + 0.3% 的浮动利率负债转换成利率为 4.3% 的固定利率负债。

整个转换过程如图 6.1 所示。

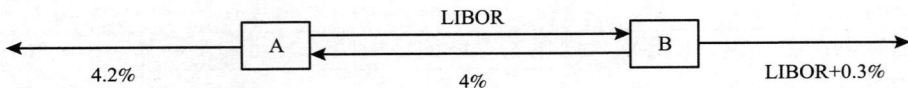

图 6.1　A 公司与 B 公司运用利率互换转换负债属性

（二）运用利率互换转换资产的利率属性

对于 A 公司而言，它可以运用该笔利率互换将一笔固定利率资产转换成浮动利率资产。假设 A 公司有一笔 3 年期的本金为 1 亿美元（与互换的名义本金相同），利率为 LIBOR − 0.25% 的浮动利率投资。在签订了这笔互换合约以后，A 公司面临 3 个利息现金流：

（1）从投资中获得 LIBOR − 0.25% 的收益。

（2）根据互换支付 LIBOR。

（3）根据互换收入 4%。

这样 A 公司的利息净现金流变成了收入 3.75% 的固定利率。因此运用互换 A

金融学科核心课程系列教材

公司可以将一笔利率为 LIBOR − 0.25% 的浮动利率投资转换成利率为 3.75% 的固定利率投资。

对于 B 公司而言，也可以运用该笔利率互换将一笔固定利率资产转换成浮动利率资产。假设 B 公司拥有一份 3 年期的本金为 1 亿美元（与互换的名义本金相同），利率 3.7% 的固定利率资产。在签订了这笔互换合约以后，B 公司面临 3 个利息现金流：

（1）从债券中获得 3.7% 的利息收入。

（2）根据互换收入 LIBOR。

（3）根据互换支付 4%。

这样 B 公司的利息净现金流变成了收入 LIBOR − 0.3% 的浮动利率。因此运用互换 B 公司可以将利率为 3.7% 的固定利率资产转换成利率为 LIBOR − 0.3% 的浮动利率资产。整个转换过程如图 6.2 所示。

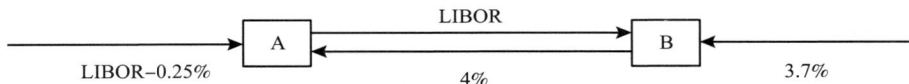

图 6.2　A 公司与 B 公司运用利率互换转换资产属性

（三）运用利率互换降低融资成本

假定 A、B 公司都想借入 3 年期的 1 亿美元的借款，A 想借入与 6 个月期相关的浮动利率借款，B 想借入固定利率借款。但两家公司信用等级不同，故市场向它们提供的利率也不同，如表 6.2 所示。

表 6.2　　　　　　市场提供给 A、B 两公司的借款利率

	固定利率	浮动利率
A 公司	3.80%	6 个月期 LIBOR +0.10%
B 公司	4.80%	6 个月期 LIBOR +0.50%

从表 6.2 可以看出，A 的借款利率均比 B 低，即 A 在两个市场都具有绝对优势。但在固定利率市场上，A 比 B 的绝对优势为 1%，而在浮动利率市场上，A 比 B 的绝对优势为 0.4%。这就是说，A 在固定利率市场上有比较优势，而 B 在浮动利率市场上有比较优势。这样，双方就可利用各自的比较优势为对方借款，然后互换，从而达到共同降低筹资成本的目的。即 A 以 3.8% 的固定利率借入 1 亿美元，而 B 以 LIBOR +0.5% 的浮动利率借入 1 亿美元。由于本金相同，故

双方不必交换本金，而只交换利息的现金流。即 A 向 B 支付浮动利息，B 向 A 支付固定利息。

通过发挥各自的比较优势并互换，双方总的筹资成本降低了 0.6%（即 4.80% +6 个月期 LIBOR +0.10% －3.80% －6 个月期 LIBOR －0.50%），这就是互换利益。互换利益是双方合作的结果，理应由双方分享。具体分享比例由双方谈判决定。我们假定双方各分享一半，则双方都将使筹资成本降低 0.3%，即双方最终实际筹资成本分别为：A 支付 LIBOR －0.20% 浮动利率，B 支付 4.50% 的固定利率。

这样，双方就可根据借款成本与实际筹资成本的差异计算各自向对方支付的现金流，我们可以设计一个互换方案让 A 向 B 支付按 LIBOR 计算的利息，B 向 A 支付按 4% 计算的利息。利率互换的流程如图 6.3 所示。

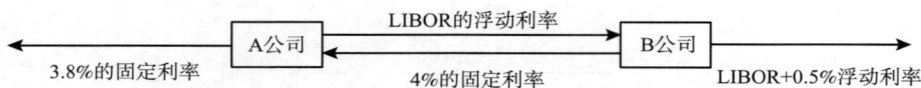

图 6.3　利率互换流程

（四）规避利率风险

在国际金融市场利率越来越透明的今天，利率波动日益频繁，市场利率的变化或公司预期的未来利率走势都可以作为互换安排决策的依据，用以避免由于利率的变化所带来的风险。

负债方面，对于有固定利率负债的公司来说，由于预测未来市场利率有下跌趋势，可以通过利率互换将其互换成浮动利率负债，得以规避利率风险。2014 年 9 月，工行某分行与总行合作，成功代理该行优质客户办理 1 年期人民币利率互换业务，将贷款的固定利率转换为挂钩 1 年期贷款基准利率（loan）的浮动利率，每季度交割一次。2014 年 11 月 21 日，央行下调 1 年期贷款基准利率 40bp，通过人民币利率互换交易，客户有效降低了财务成本，客户对工行该项产品服务感到满意。同样地，如果公司有浮动利率负债，并且预测市场利率有上涨趋势，可以通过利率互换协议将原有的浮动利率负债转化为固定利率负债，从而实现在利率上涨的市场环境中规避风险的目的。

资产方面，一般预期利率下降时，浮动利率资产持有者将其互换成固定利率，从而避免利率下降收益损失的风险，或在预期利率上升时，固定利率资产持有者将其互换成浮动利率，可以增加资产的收益。

三、利率互换的其他形态

除了标准利率互换外，利率互换的形态还可依据投资人的需求做调整，包含名义本金与付息方式的修改，称为非标准型的利率互换。比如有增长型互换、减少型互换和滑道型互换。在标准的互换中，名义本金是不变的，而在这三种互换中，名义本金是可变的。其中，增长型互换（accreting swaps）的名义本金在开始时较小，尔后随着时间的推移逐渐增大。减少型互换（amortizing swaps）则正好相反，其名义本金随时间的推移逐渐变小。近年来，互换市场又出现了一种特殊的减少型互换，即指数化本金互换（indexed principal swaps），其名义本金的减少幅度取决于利率水平，利率越低，名义本金减少幅度越大。滑道型互换（roller-coaster swaps）的名义本金则在互换期内时而增大，时而变小。

又如基点互换。在普通的利率互换中，互换一方是固定利率，另一方是浮动利率。而在基点互换（basis swaps）中，双方都是浮动利率，只是两种浮动利率的参照利率不同，如一方为 LIBOR，另一方为基准利率。

还有零息互换。零息互换（zero-coupon swaps）是指固定利息的多次支付流量被一次性的支付取代，该一次性支付可以在互换期初也可以在期末。

四、利率互换的定价

利率互换的定价有两种情形：

第一，在协议签订时，一个公平的利率互换协议应使得双方的互换价值相等。也就是说，协议签订时的互换定价，就是选择一个使得互换的初始价值为零的固定利率。

第二，在协议签订后的互换定价，是根据协议内容与市场利率水平确定利率互换合约的价值。对于利率互换协议的持有者来说，该价值可能是正的，也可能是负的。

互换定价的方法主要有两种，一种是将互换分解成债券组合来定价，另一种是将互换分解成远期组合来定价。本文只介绍利用债券组合来定价。

如果我们假设没有违约风险，利率互换可以通过分解成一个债券的多头与另一个债券的空头来定价。我们可以将收取固定利率利息并支付浮动利率利息的一方视为买入一笔固定利率的债券，并同时卖出一笔浮动利率的债券；而收取浮动利率利息并支付固定利率利息的另一方就视为买入一笔相应的浮动利率的债券，并同时卖出一笔相应的固定利率的债券。这样，我们就可以利用债券等值法来为金融互换定价了：先分别计算固定利率债券与浮动利率债券未来现金流的现值，然后再将这两笔现金流的现值相减，便可获得互换各方的净现值，也就是互换的价值。

（一）贴现率

在给互换和其他柜台交易市场上的金融工具定价的时候，现金流通常用 LIBOR 零息票利率贴现。这是因为 LIBOR 反映了金融机构的资金成本。这样做的隐含假设是被定价的衍生工具的现金流的风险和银行同业拆借市场的风险相同。

（二）运用债券组合给利率互换定价

利率互换可以看成是两个债券头寸的组合。以表 6.1 涉及的利率互换为例，我们可以假设在合约的到期日，A 公司支付给 B 公司 1 亿美元的名义本金，同时 B 公司也支付给 A 公司 1 亿美元的名义本金。这不会改变互换双方的现金流，所以不会改变互换的价值。这样，利率互换可以分解成：

（1）B 公司按 6 个月 LIBOR 的利率借给 A 公司 1 亿美元。

（2）A 公司按 4% 的年利率借给 B 公司 1 亿美元。

换个角度看，就是 B 公司向 A 公司购买了一份 1 亿美元的浮动利率（LIBOR）债券，同时向 A 公司出售了一份 1 亿美元的固定利率（4% 的年利率，每半年付息一次）债券。因此，对 B 公司而言，这个利率互换的价值就是浮动利率债券与固定利率债券价值的差。

定义：

B_{fix}——互换合约中分解出的固定利率债券的价值；

B_{fl}——互换合约中分解出的浮动利率债券的价值。

那么，对 B 公司而言，这个互换的价值就是：

$$V_{互换} = B_{fl} - B_{fix} \qquad\qquad 6.1$$

为了说明公式 6.1 的运用，定义：

t_i——距第 i 次现金流交换的时间（$1 \leqslant i \leqslant n$）；

L——利率互换合约中的名义本金额；

r_i——到期日为 t_i 的 LIBOR 零息票利率；

k——支付日支付的固定利息额。

那么，固定利率债券的价值为：

$$B_{fix} = \sum_{i=1}^{n} k\mathrm{e}^{-r_i t_i} + L\mathrm{e}^{-r_n t_n}$$

接着考虑浮动利率债券的价值。根据浮动利率债券的性质，在紧接浮动利率债券支付利息的那一刻，浮动利率债券的价值为其本金 L。假设下一利息支付日应支付的浮动利息额为 k^*（这是已知的），那么在下一次利息支付前的一刻，浮动利率债券的价值为 $B_{fl} = L + k^*$。在我们的定义中，距下一次利息支付日还有 t_1 的时间，那么今天浮动利率债券的价值应该为：

$$B_{fl} = (L + k^*) e^{-r_1 t_1}$$

公式 6.1 给出了利率互换对一个支付固定利率、收入浮动利率的公司的价值，当一个公司收入固定利率，支付浮动利率的时候，互换对该公司的价值为：

$$V_{互换} = B_{fix} - B_{fl} \qquad\qquad 6.2$$

【例 6.1】 假设在一笔互换合约中，某一金融机构支付 6 个月期的 LIBOR，同时收取 10% 的年利率（半年计一次复利），名义本金为 1 亿美元。互换还有 1.25 年的期限。3 个月、9 个月和 15 个月的 LIBOR（连续复利率）分别为 10%、10.5% 和 11%。上一次利息支付日的 6 个月 LIBOR 为 10.2%（半年计一次复利）。在这个例子中 $k = 500$ 万美元，$k^* = 510$ 万美元，因此

$$B_{fix} = 5e^{-0.1 \times 0.25} + 5e^{-0.105 \times 0.75} + 105e^{-0.11 \times 1.25} = 1.0101 \text{（亿美元）}$$

$$B_{fl} = (100 + 5.1)e^{-0.1 \times 0.25} = 1.0251 \text{（亿美元）}$$

因此，利率互换的价值为：

$$1.0101 - 1.0251 = -150 \text{（万美元）}$$

如果银行持有相反的头寸——收入浮动利率、支付固定利率，那么互换对银行的价值就是 +150 万美元。

【例 6.2】 假设在一笔 2 年期的利率互换协议中，某一金融机构支付 3 个月期的 LIBOR，同时每 3 个月收取固定利率（3 个月计一次复利），名义本金为 1 亿美元。目前 3 个月、6 个月、9 个月、12 个月、15 个月、18 个月、21 个月与 2 年的贴现率（连续复利）分别为 4.8%、5%、5.1%、5.2%、5.15%、5.3%、5.3% 和 5.4%。第一次支付的浮动利率即为当前 3 个月期利率 4.8%（连续复利）。试确定此笔利率互换中合理的固定利率。

利率互换合理的固定利率就是使得互换价值为零的利率水平，也就是我们通常所说的互换利率。这涉及协议签订时的利率互换定价问题。

根据 $= B_{fl} = B_{fix}$

$$B_{fl} = 1\,000 \times e^{0.048 \times 0.25} \times e^{-0.048 \times 0.25} = 10\,000 \text{（万美元）}$$

$$B_{fix} = \frac{k}{4}e^{-0.048 \times 0.25} + \frac{k}{4}e^{-0.05 \times 0.5} + \frac{k}{4}e^{-0.051 \times 0.75} + \frac{k}{4}e^{-0.052 \times 1} + \frac{k}{4}e^{-0.0515 \times 1.25} +$$

$$\frac{k}{4}e^{-0.053 \times 1.5} + \frac{k}{4}e^{-0.053 \times 1.75} + \left(10\,000 + \frac{k}{4}\right)e^{-0.054 \times 2} = 10\,000 \text{（万美元）}$$

解得：$k = 543$ 美元，固定利率水平应确定为 5.43%。

五、利率互换的终止

利率互换可以持有到期，也可以不持有到期，利率互换交易尚未到期时，其中一方如果想结束该交易，可以选择如下几种方式：

终止（unwind）：即跟原始对手方终止利率互换协议，计算终止时的利率互换的价格（采取盯市价格），根据价格决定双方支付的金额。

转让：即将利率互换转让给第三方，将原先利息收付的权利与义务完全转移给购买第三方。该种转让通常需要原始对手方同意，其价格同样要采取盯市价格计算支付的金额。

进入一笔相反的利率互换对冲之前的交易：即签订一份与原互换协议的本金、到期日和互换利率等均相同，但收付利息方向相反的互换协议。如果该对冲交易是与原始对手方进行的，此种对冲又被称为"镜子互换"，等价于终止了原先的利率互换，抵消了违约风险。如果是与第三方进行镜子互换，只能在利息的现金流上实现对冲，但由于交易对手不同，仍然无法完全抵消对手方违约的风险。

实际上，很多利率互换的终止采取了进入相反交易的方式，这也是利率互换名义交易量很大的原因之一。尽管交易方实际上希望结束自己的交易，但是在统计上却是将其看做不同的交易，统计了两次交易量。

第三节　货币互换

一、货币互换的定义

货币互换（currency swap）又称通货互换，是指交易双方约定互换合约期初交换两种不同币别货币，期中定期交换在期初所换得货币的利息支付，到期末再换回两种不同币别货币。在利率互换中通常无须交换本金，只需定期交换利息差额；而在货币互换中，期初和期末须按照约定的汇率交换不同货币的本金，期间还需定期交换不同货币的利息。货币互换交易涉及三个基本步骤：期初的本金交换；期中的利息交换；期末的本金再交换。

货币互换计息的利率若为固定利率交换固定利率，称为狭义的货币互换。若

金融学科核心课程系列教材

同时交换不同币别的本金及不同计息方式，例如，浮动利率交换固定利率、浮动利率交换浮动利率，则可称为换汇换利（cross currency swap，CCS）。由于同时涉及两种货币本金与不同利息现金流量的交换，也称为广义的货币互换。

货币互换在结构上与利率互换相仿，主要不同之处在于：

（1）互换双方支付的款项的币种不同。

（2）在协议开始和到期时，货币互换双方常常互换本金；且在签订互换协议的时候，用不同币种表示的本金大致等价。

（3）货币互换双方的利息支付可以是：均为固定利率；均为浮动利率；一个是固定利率，另一个是浮动利率。

假定 A 公司是一家美国公司，由于计划到中国拓展业务，该公司需要借入人民币 6 900 万元，当时汇率是 6.9 元/美元。A 公司因此借入 2 年期的 1 000 万美元的借款，利率为 5.5%，并需将其转换为人民币。但由于其业务拓展所产生的现金流是人民币现金流，它希望用人民币支付利息，因此 A 转向其开户行的一家分支机构——全球互换公司进行货币互换交易。图 6.4 是该笔货币互换的主要流程：

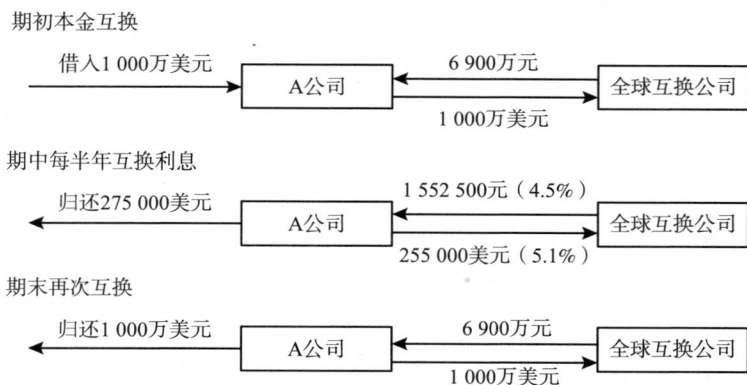

图 6.4　货币互换流程

从图 6.4 中可以看到，A 公司通过货币互换将其原先的美元借款转换成了人民币借款。在美国市场上，它将按照 5.5% 的利率支付利息；同时在货币互换中，收到 5.1% 的美元利息，支付 4.5% 的人民币利息。如果假设汇率不变的话，A 公司每年的利率水平为：

4.5% + (5.5% − 5.1%) = 4.9%

二、货币互换的运用

（一）管理汇率风险

货币互换是一项常用的债务保值工具，主要用来控制中长期汇率风险，把以一种外汇计价的债务或资产转换为以另一种外汇计价的债务或资产，达到规避汇率风险、降低成本的目的。早期的"平行贷款"、"背对背贷款"就具有类似的功能。但是无论是"平行贷款"还是"背对背贷款"仍然属于贷款行为，在资产负债表上将产生新的资产和负债。而货币互换作为一项资产负债表外业务，能够在不对资产负债表造成影响的情况下，达到同样的目的。

假定 A 公司有一笔人民币贷款，金额为 1 亿元，期限 5 年，利率为固定利率6.75%，付息日为每年 6 月 20 日和 12 月 20 日。2017 年 7 月 20 日提款，2022 年7 月 20 日到期归还。

公司提款后，将人民币买成美元，用于采购国外的生产设备。将来生产出的产品主要出口外销，得到的收入是美元收入，而没有人民币收入。到期时，公司需要将美元收入换成人民币还款。那么到时如果人民币升值，美元贬值（相对于期初汇率），则公司要用更多的美元来买人民币还款。这样，由于公司的人民币贷款在借、用、还上存在着货币不统一，就存在着汇率风险。

A 公司为控制汇率风险，可以与中行做一笔人民币与美元的货币互换交易。中行按人民币利率水平向 A 公司支付人民币利息，A 公司将收入的人民币利息正好用于归还原人民币贷款利息，A 公司在贷款期间公司只支付美元利息。在期初与期末，公司与中行均按预先规定的同一汇率互换本金，且在贷款期间 A 公司只支付美元利息，从而使 A 公司完全避免了未来的汇率变动风险。

（二）降低筹资成本

假定美元和人民币汇率为 1 美元 = 6.9 元人民币。A 想借入 5 年期的 6 900万元人民币借款，B 想借入 5 年期的 1 000 万美元借款。但由于 A 的信用等级高于 B，两国金融市场对 A、B 两公司的熟悉状况不同，因此市场向它们提供的固定利率也不同（如表 6.3 所示）。

从表 6.3 可以看出，A 的借款利率均比 B 低，即 A 在两个市场都具有绝对优势，但绝对优势大小不同。A 在美元市场上的绝对优势为 2%，在人民币市场上只有 0.4%。这就是说，A 在美元市场上有比较优势，而 B 在人民币市场上有比较优势。这样，双方就可利用各自的比较优势借款，然后通过互换得到自己想要的资金，并通过分享互换收益（1.6%）降低筹资成本。

表6.3	市场向 A、B 公司提供的借款利率	单位：%
	美元	人民币元
A 公司	6.0	8.6
B 公司	8.0	9.0

注：此表中的利率均为一年计一次复利的年利率。

于是，A 以6%的利率借入五年期的1 000万美元借款，B 以9.0%利率借入5 年期的6 900万元人民币借款。然后，双方先进行本金的交换，即 A 向 B 支付1 000万美元，B 向 A 支付6 900万元。

假定 A、B 公司商定双方平分互换收益，则 A、B 公司都将使筹资成本降低0.8%，即双方最终实际筹资成本分别为：A 支付7.8%的人民币利率，而 B 支付7.2%的美元利率。

这样，双方就可根据借款成本与实际筹资成本的差异计算各自向对方支付的现金流，进行利息互换。可以设计一个货币互换方案，即 A 向 B 支付8.0%的人民币借款的利息计552万元，B 向 A 支付6.2%的美元借款的利息计62万美元。经过互换后，A 的最终实际筹资成本相当于降为7.8%人民币借款利息，B 最终实际筹资成本相当于7.2%美元借款利息。若担心未来汇率水平变动，B 可以通过购买美元远期或期货来规避汇率风险。

在贷款期满后，双方要再次进行借款本金的互换，即 A 向 B 支付6 900万元，B 向 A 支付1 000万美元。到此，货币互换结束。若不考虑本金问题上述货币互换的流程如图6.5所示。

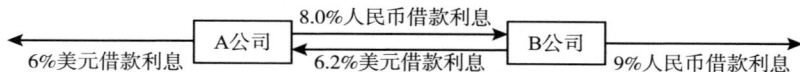

图6.5　货币互换流程

由于货币互换涉及到本金互换，因此当汇率变动很大时，双方就将面临一定的信用风险。当然这种风险仍比单纯的贷款风险小得多。

金融学科核心课程系列教材

（三）转换资产和负债的货币属性

与利率互换类似，货币互换也可以用来转换资产和负债的货币属性。货币互换可以用来转换负债的货币属性。以图 6.5 中的货币互换为例，假设 A 公司发行了 1 000 万美元 5 年期的票面利率为 6% 的美元债券，签订了该笔互换以后，A 公司的美元负债就转换成了人民币负债。

货币互换也可以用来转换资产的货币属性。假设 A 公司有一笔 5 年期的年收益率为 6%、本金为 1 000 万美元的投资，但觉得人民币相对于美元会走强，通过该笔互换，这笔投资就转换成了 6 900 万元、年收益率为 7.8% 的人民币投资。

三、货币互换的定价

在没有违约风险的条件下，货币互换一样也可以分解成债券的组合，不过不是浮动利率债券和固定利率债券的组合，而是一份外币债券和一份本币债券的组合。

如果我们定义 $V_{互换}$ 为货币互换的价值，那么对收入本币、付出外币的那一方：

$$V_{互换} = B_D - S_0 B_F$$

其中 B_F 是用外币表示的从互换中分解出来的外币债券的价值；B_D 是从互换中分解出来的本币债券的价值；S_0 是即期汇率（直接标价法）。

对付出本币、收入外币的那一方：

$$V_{互换} = S_0 B_F - B_D$$

【例 6.3】 假设美元和人民币的 LIBOR 利率的期限结构是平的，在中国是 2% 而在美国是 3%（均为连续复利）。某一金融机构在一笔货币互换中每年收入美元，利率为 3.5%（每年计一次复利），同时付出人民币，利率为 2.5%（每年计一次复利）。两种货币的本金分别为 1 000 万美元和 7 000 万元。这笔互换还有 2 年的期限，每年交换一次利息，即期汇率为 1 美元 = 6.3 元。如何确定该笔货币互换的价值？

解：

首先，对每期收取美元并支付人民币，到期时收回美元本金并付出人民币，犹如买入一个固定利率为 3.5% 的美元债券，卖出一个固定利率为 2.5% 的人民币债券。那么对该金融机构以美元表示的合约价值应为：

$$V_{互换} = B_D - S_0 B_F$$

金融学科核心课程系列教材

其中，B_D 是美元债券的价值；S_0 为 1 元等于多少美元的即期汇率；B_F 是用人民币表示的人民币债券的价值。

$$B_D = 35e^{-0.03 \times 1} + 1\,035e^{-0.03 \times 2} = 1\,008.69 \text{（万美元）}$$

$$B_F = 175e^{-0.02 \times 1} + 7\,175e^{-0.02 \times 2} = 7\,065.20 \text{（万美元）}$$

货币互换的价值为：

$$V_{互换} = 1\,008.69 - 7\,065.20/6.3 = -112.77 \text{（万美元）}$$

货币互换对该金融机构的价值为 -112.77 万美元。

第四节 其他互换

互换虽然历史较短，但品种创新却日新月异。除了上述最常见的利率互换和货币互换外，还有许多其他的互换品种。

一、商品互换

商品互换指商品价格的互换，交易双方以固定数量的某商品为标的。交易的一方支付另一方的金额，为事先约定的固定商品价格，乘以名义数量。向对方收取的金额，为商品的浮动价格，乘以名义数量。此种交易通常不涉及商品的实质交易，仅依收付净额以现金结算。

【例 6.4】 假设中石油每季需以浮动油价进口 100 万桶原油，为了管理石油价格风险，与 A 银行承做了一个 2 年期石油价格互换，将原油油价固定在每桶 100 美元的水平，换取 A 银行支付浮动油价，数量为 100 万桶，每季交换一次，则 2 年内中石油可锁定购油成本每桶 100 美元。

承做商品互换交易后，中石油就可规避掉原油价格波动风险，不论原油价格如何变化，购油成本固定于每桶 100 美元。

（一）商品互换的内容

商品互换基本结构的主要内容包括：

数量。互换双方就互换交易中有关商品的数量达成一致。

期限。互换双方必须在交易期限方面达成协议。商品互换的期限可以是几周，几个月，也可以是几年，甚至可以是 10 年。大部分交易期限是在 3 个月到 3

年之间。

商品价格指数。商品价格互换下的结算支付是以双方同意的价格指数为基础的。协商一致的价格指数被用来计算商品价格互换下的浮动价格。商品价格指数必须被明确定义。商品的规格也应该加以精确说明，因为交易商品的规格不同，产品的价格将会有很大差别。在通常情况下，商品价格指数是一个被广泛接受的市场基准价格。价格的透明度和有效性是商品价格指数的一个主要特征。在实际操作中，期货市场的收盘价、现货市场的实际出售价格或者已经建立的价格指数通常是双方选择的对象。

结算方法。商品互换交易双方可以在某一天根据双方约定的商品价格指数进行结算。或者根据结算期限中的每一个交易日的平均价格指数进行结算。平均价格机制的主要设计目的是为了与现货市场的买卖相对应，从而可以更好地匹配现金流，取得更好的套期保值效果。在实际应用中，商品互换一般是以日或者周平均价格结算为基础的。

证明文件。标准化的 ISDA 衍生品文本框架比较全面地解释了商品互换交易的相关内容。

（二）商品互换的功能

1. 对商品的价格进行套期保值

商品互换最基本的功能是对商品的价格进行长期套期保值。由于商品互换大多是以固定价格代替浮动价格，商品互换合约的有效期一般是 6 个月到 3 年，最长可达 10 年，所以交易者在这段较长的期间内很大程度上锁定了商品的价格。这是因为交易者所收取的浮动价格一般是在一个互换周期内商品现货即期价格的平均值，与交易者从事现货交易所支付的实际价格是密切相关的，所以商品价格波动的风险很大程度上被转嫁给了互换对手，交易者支付的固定价格便成为购入商品的实际价格。

2. 管理融资成本的浮动利率风险

商品生产商为扩大生产规模，通常会贷款融资，而贷款利率一般是浮动的。这时，生产商面临浮动利率风险。作为生厂商，他可以利用商品价格与利息的互换，将浮动利率的融资成本转换为一定数量的商品。这种商品互换对生产商更有吸引力，因为该互换形式将商品的生产、交割与融资成本的支付联系在一起，规避了浮动利率风险又保证了一定数量商品的交割。从另一个角度来看，生产商是通过出售远期商品来偿还浮动利率贷款。

当然，生产商的互换交易对手有时并不想采用实物交割，此时互换交易双方一般选择名义商品进行交割。这里的名义商品是指以约定的固定价格算出的一定数量商品的价值。这种情况下，交易者实际上将浮动利息的支出与协议的固定价格紧密联系在了一起。

二、股权互换

股权互换是指将某个股票指数所实现的红利及资本利得交换为固定利率或浮动利率的协议。股权互换还可以被设计为交易方收取以某种股票指数（如 S&P500 指数）为基础的现金流，同时支付以另一种股票指数（如英国富时 100 指数）为基础的现金流结构。

【例 6.5】　假设某基金公司的证券组合收益率与 S&P500 指数高度相关。基金经理担心利率敞口风险，决定利用股权互换避险。在这个股权互换中，基金经理同意在一定名义本金基础上支付给互换做市商 S&P500 指数所带来的收益率，同时向互换做市商收取每年 8.75% 的固定利率。现金支付每季度进行一次，名义本金定为 1 亿美元。其中，股票指数收益 = 股票指数/基准股票指数 − 1。股票指数的收益可正可负，如果为正，基金经理将向互换做市商支付一定金额；如果为负，基金经理将向互换做市商收取一定金额。

三、信用违约互换

信用违约互换（credit default swap，CDS）是国外债券市场中最常见的信用衍生产品。在信用违约互换交易中，违约互换购买者将定期向违约互换出售者支付一定费用（称为信用违约互换点差），而一旦出现信用类事件（主要指债券主体无法偿付），违约互换购买者将有权利将债券以面值递送给违约互换出售者，从而有效地规避信用风险。由于信用违约互换产品定义简单、容易实现标准化，交易简洁，自 20 世纪 90 年代以来，该金融产品在国外发达金融市场得到了迅速发展。

【例 6.6】　假设 A 向 B 申请贷款，B 为了利息而放贷给 A，放贷出去的钱总有风险（如果 A 破产，无法偿还利息和本金），那么这时候 C 出场，由 C 对 B 的这个风险予以保险承诺，条件是 B 每年向 C 支付一定的保险费用。万一 A 破产的情况发生，那么由 C 补偿 B 所遭受的损失。

从特点上来说，信用违约互换属于期权的一种，相当于期权的购买方（规避风险的一方）用参照资产（reference asset）——即此处的债券，来交换卖方

（信用风险保护方）的现金。由于期权的特点是买方只有权利而无义务，而卖方只有义务而无权利，因此一旦债券违约，买方就可以要求履约来转嫁信用风险。而前文提及的违约互换点差，在这里则体现为期权的期权费。

四、总收益互换

总收益互换（total return swap）是指信用保障的买方在协议期间将参照资产的总收益转移给信用保障的卖方，总收益可以包括本金、利息、预付费用以及因资产价格的有利变化带来的资本利得；作为交换，保障卖方则承诺向对方交付协议资产增值的特定比例，通常是 LIBOR 加一个差额，以及因资产价格不利变化带来的资本亏损。

总收益互换是按照特定的固定利率或浮动利率互换支付利率的义务。在总收益互换中，信用保险买方或总收益支付方将从信贷资产或"参照信用资产"处获得的收益全部转移给交易对手，即信用保险卖方或总收益接受方，而得到一个事先约定的利率回报，该利率可以是浮动利率或者固定利率。

【例6.7】　假设甲公司买入 1 亿美元的 A 公司 3 年期债券，固定年利率为 8%。为了对冲 A 公司债券的信用风险，甲公司与乙银行签订 3 年期的总收益互换协议，按该合约规定，甲公司向乙银行支付以固定利率为基础的收益。该支付流等于固定利率加上贷款市场价值的变化，同时，乙银行向甲公司支付浮动利率的现金流。乙银行支付 LIBOR + 3%。互换存续期间，甲公司要将所获得的每年 800 万美元利息支付给乙银行，向乙银行收取浮动利息。同时，如果贷款市场价值上升，假设升至 1.2 亿美元，则甲公司需将 0.2 亿美元的资本利得也支付给乙银行。如果贷款市场价值下跌，假设跌至 0.9 亿美元，则甲公司可从乙银行处收到 0.1 亿美元的资本损失补偿。如果在总收益互换协议存续期内，A 公司违约，则乙银行要向甲公司支付面值减去回收价值的余额，即补偿甲公司在违约中的损失，同时总收益互换终止。

总收益互换可以用来冲销甲公司在债券上的损失。但是，总收益互换存在利率风险，如果浮动利率大幅度下降，那么互换后的现金流会受到极大影响。

关 键 词 汇

利率互换　货币互换　商品互换　股权互换　信用违约互换　总收益互换

思 考 题

1. A 公司和 B 公司如果要在金融市场上借入 3 年期本金为 1 000 万美元的贷款，需支付的年利率分别为：

	固定利率	浮动利率
A 公司	8.0%	LIBOR + 0.1%
B 公司	9.2%	LIBOR + 0.6%

A 公司需要的是浮动利率贷款，B 公司需要的是固定利率贷款。请设计一个利率互换，要求互换对双方具有同样的吸引力。

2. 一份本金为 1 亿美元的利率互换还有 10 个月的期限。这笔互换规定以 6 个月的 LIBOR 利率交换 12% 的年利率（每半年计一次复利）。市场上对交换 6 个月的 LIBOR 利率的所有期限的利率的平均报价为 10%（连续复利）。两个月前 6 个月的 LIBOR 利率为 9.6%。请问上述互换对支付浮动利率的那一方价值为多少？对支付固定利率的那一方价值为多少？

3. X 公司希望以固定利率借入美元，而 Y 公司希望以固定利率借入欧元，而且本金用即期汇率计算价值很接近。市场对这两个公司的报价如下：

	欧元	美元
X 公司	6.0%	8.0%
Y 公司	7.5%	8.5%

请设计一个货币互换，要求互换对双方具有同样的吸引力。

4. 一份货币互换还有 15 个月的期限。这笔互换规定每年交换利率为 14%、本金为 2 000 万英镑和利率为 10%、本金为 3 000 万美元两笔借款的现金流。英国和美国现在的利率期限结构都是平的。如果这笔互换是今天签订的，那将是用 8% 的美元利率交换 11% 的英镑利率。上述利率是连续复利。即期汇率为 1 英镑 = 1.6500 美元。请问上述互换对支付英镑的那一方价值为多少？对支付美元的那一方价值为多少？

5. 解释互换的市场风险和信用风险的区别。

6. X 公司和 Y 公司各自在市场上的 5 年期 1 000 万美元的投资可以获得的收益率为：

	固定利率	浮动利率
X 公司	10.0%	LIBOR
Y 公司	11.8%	LIBOR

　　X 公司希望以固定利率进行投资，而 Y 公司希望以浮动利率进行投资。请设计一个利率互换，要求互换对双方具有同样的吸引力。

　　7. A 公司和 B 公司如果要在金融市场上借款需支付的利率分别为：

	A 公司	B 公司
美元浮动利率	LIBOR + 0.5%	LIBOR + 1.0%
加元固定利率	6.0%	7.5%

　　假设 A 公司需要的是美元浮动利率贷款，B 公司需要的是加元固定利率贷款。一家银行想设计一个互换，如果互换对双方具有同样的吸引力，A 公司和 B 公司的利率支付是怎么安排的？

第七章　期权基础

　　期权历史悠久，早在古代，就有类似于期权的交易，圣经故事里记录了大约在公元前 1700 年，雅克布为同拉班的小女儿瑞切尔结婚而签订的一个类似期权的契约，即雅克布在同意为拉班工作 7 年的条件下，得到同瑞切尔结婚的许可。但是后来，拉班违约了，他强迫雅克布与自己的大女儿利亚结了婚。雅克布照办了，但是，他深爱的仍然是瑞切尔，于是，他又劳动了 7 年以换得与瑞切尔结婚。这一次拉班没有食言。这里，雅克布以 7 年劳动为代价，相当于支付期权费，获得了同瑞切尔结婚的权利。除此之外，在亚里士多德的《政治学》一书中，也记载了古希腊哲学家及数学家泰利斯利用天文知识，预测来年春季的橄榄收成，然后再以极低的价格取得西奥斯和米拉特斯地区橄榄榨汁机的使用权的情形。这种"使用权"已隐含了期权的概念，可以看作是期权的萌芽阶段。

　　真正的期权交易起始于 18 世纪后期的美国和欧洲市场。由于制度不健全等因素影响，其发展一直受到抑制，直到 1973 年 4 月 26 日芝加哥期权交易所（CBOE）建立后，才首次实现了在一个集中化的、有管制的市场，对标准化的、挂牌的股票期权进行交易。交易的第一天，挂牌的只有 16 种股票的看涨期权，之后随着期权制度的不断完善，期权交易得到了快速发展。CBOE 在挂牌期权市场里引入做市商的机制，同时创立了期权清算公司（Option Clearing Corporation，OCC），也就是期权交易的担保人，期权清算公司的成立也为期权的交易和执行提供了更为便利和可靠的履约保障。之后，费舍尔·布莱克（Fisher Black）和迈伦·斯科尔斯（Myron Scholes）在《期权定价与公司负债》论文中，推导出了以不分红股票作为标的物的欧式看涨期权定价公式。而罗伯特·默顿（Robert Merton）的论文则给出了支付红利的股票期权的定价公式。另外，德克萨斯仪器公司推出了装有计算期权价值程序的计算器。这些为期权市场的快速发展奠定了良好基础。1977 年 6 月 3 日，CBOE 开始了看跌期权的交易。1982 年，芝加哥商业交易所（CME）开始进行 S&P500 期权交易，它标志着股票指数期权的诞生。同年，由芝加哥期权交易所首次引入美国国库券期权交易，成为利率期权交易的开端。同在 1982 年，外汇期权也产生了，它首次出现在加拿大蒙特利尔交易所（ME）。该年 12 月，费城股票交易所也开始了外汇期权交易。1984 年，外汇期货期权在芝加哥商业交易所的国际货币市场（IMM）登台上演。随后，期货期权迅速扩展到欧洲美元存款、90 天短期及长期国库券、国内存款证等债务凭证期货，以及黄金期货和股票指数期货上面，几乎所有的期货都有相应的期权交易。目前场内期权类的成交品种已包括股票期权（包括个股和 ETF 期权）、股指期权、利率期权、商品期权、外汇期权等多个品种。我国的上海证券交易所也于 2015 年 2 月 9 日推出了上证 50ETF 期权。

本章阐述期权的概念和分类，重点分析期权价格的特性，介绍期权的内在价值和时间价值，期权价格的影响因素，期权价格的上、下限，看涨期权与看跌期权之间的平价关系，以及介绍期权交易策略和期权组合盈亏图。

第一节　期权的概念和分类

一、期权的概念

期权（option），是指赋予其购买者在规定期限内按双方约定的价格［简称协议价格（striking price）或执行价格（exercise price）］购买或出售一定数量某种标的资产的权利的合约。期权是一种选择权，期权交易的购买者通过付出一笔较小的期权费，便得到一种权利，在期权有效期内，若标的资产价格朝有利于购买者的方向变动，购买者可以选择履约，即按约定的价格执行买或卖的权利；若标的资产价格朝不利于购买者的方向变动，购买者可以选择放弃权利而不履约。对期权的出售者来说，他只有履行合约的义务，而没有任何权利。当期权买者按合约规定行使其买进或卖出标的资产的权利时，期权卖者必须依约相应的卖出或买进该标的资产。作为给期权卖者承担义务的报酬，期权买者要支付给期权卖者一定的费用，称为期权费（premium）。期权费视期权种类、期限、标的资产价格的易变程度的不同而不同。

期权具有如下一些明显的特点：

（1）期权交易的对象是一种买进或卖出某种标的资产的权利。

（2）期权买卖双方在享有的权利或承担的义务上存在着明显的不对称性。

（3）由于期权交易双方在享有的权利和承担的义务方面的不同，导致了期权交易在履约保证方面的独特之处。期权合约赋予了买方的是选择权，他必须事先支付一笔期权费作为拥有这种选择权的代价；而合约赋予卖方的是履约的义务，因此他必须交纳保证金。

（4）期权交易的实质是一种选择权交易，因此期权的价格即是为拥有这种权利而必须支付的费用，亦即期权费。

二、期权的要素

构成一个期权，有很多要素，主要包括期权交易双方、协议价格、期权费、履约保证金交易数量、期权的基础资产、行使时限等。

（一）期权交易双方

1. 期权的买方

期权买方是指买进期权合约的一方，是支付一定数额的期权费而持有期权合约者，故期权买方也称期权持有者。买进期权即为期权的多头。当投资者支付期权费买进期权建立多头头寸后，就享有了买进或卖出标的资产的权利。因为他并不负有义务，所以他仅以其投入的期权费承担有限的风险，但是却掌握了巨大的获利潜力。

2. 期权的卖方

与期权的买方正好是对立的一方，期权卖方是指卖出期权合约的一方，从期权买方那里收取期权费，在买方执行期权时承担履约的义务。期权卖方也称期权出售者。卖出期权即为期权的空头。同样，期权卖方只是卖出期权合约的一方，而不一定就是卖出标的资产的一方。如果期权买方在事先约定好的期限内没有执行它的权利，那么该期权就会自动失效，卖方不必承担任何责任。对于现货期权，执行期权就是买卖相应的标的产品；而对于期货期权来说，执行合约时就是按相应的协议价格买入或卖出相应期货合约。

（二）协议价格

协议价格，又称执行价格、行权价格、履约价格、敲定价格，是期权合约中事先确定的买卖标的资产的价格，即期权买方在执行期权时，进行标的资产买卖所依据的价格。

（三）期权费

期权费即是期权的价格，是期权买方为了获取期权权利而必须向期权卖方支付的费用，是期权卖方承担相应义务的报酬。期权费的重要意义在于：对于期权的买方来说，可以把可能会遭受的损失控制在期权费金额的限度内；对于卖方来说，卖出一份期权立即可以获得一笔期权费收入，而并不需要马上进行标的物的买卖，这可能是非常有利可图的。但同时卖方面临一定的风险，即无论标的资产的价格如何变动，卖方都必须做好执行期权合约的准备。其大小取决于期权合约的性质、到期月份及协议价格等各种因素。

（四）履约保证金

期权买方需支付全部期权费，而后不需要再交纳保证金。期权卖方必须提交一定的保证金，这是因为交易所和经纪人必须确保当期权执行时，出售期权的投资者不会违约。期权卖方必须存入交易所用于履约的财力担保。

（五）交易数量

这是期权交易双方买卖特定标的资产的数量。

（六）期权的基础资产

期权的基础资产是期权买卖的对象，一般包括股票、股价指数、外币、利率相关证券以及期货、互换等。

（七）行使时限（到期日）（**expiration date** 或 **expiry date**）

每一期权合约具有有效的行使期限，如果超过这一期限，期权合约即失效。一般来说，期权的行使时限为 1~3、6、9 个月不等，单个股票的期权合约的有效期间多为 9 个月。场外交易期权的到期日根据买卖双方的需要量身订制。但在期权交易场所内，任何一只股票都要归入一个特定的有效周期，有效周期可分为这样几种：①1 月、4 月、7 月、10 月；②2 月、5 月、8 月和 11 月；③3 月、6 月、9 月和 12 月。它们分别称为 1 月周期、2 月周期和 3 月周期。

三、期权的分类

（一）按期权行权时间分为欧式期权和美式期权、百慕大期权

欧式期权指仅在期权合约期限到期后买方才能按协议价格行使其买卖的权利，如表 7.1 中的香港恒生指数期权就是欧式期权，而美式期权则在到期日或到

金融学科核心课程系列教材

期日之前均可行使权利。因此，美式期权的购买者一般需要支付更高的期权费。欧式期权和美式期权的分类与地理概念毫无关系，纯粹只是命名的不同而已。在美国场外交易的外汇期权大都是欧式期权。百慕大期权介于欧式期权和美式期权之间，期权的执行日期一般为到期日前的某一段时间。

表 7.1　　　　　　　　　　　　　恒生指数期权合约概要

项目	标准期权	自订条款指数期权
相关指数	恒生指数	
HKATS 代码	HSI	XHS
合约乘数	每指数点港币 50	
最低价格波幅	一个指数点	
合约月份	短期期权：现月、下两个月及之后的三个季月	任何历月但不可超越现有最长可供买卖的期权合约月份
行使方式	欧式	
期权金	以完整指数点报价	
行使价	短期期权： 指数点　　　　　　　　行使价分隔 低于 2 000 点　　　　　　　50 2 000 点或以上但低于 8 000 点　　100 8 000 点或以上　　　　　　200	行使价须为完整指数点及在提出要求当日即月恒生指数期货合约开市价的高低 30% 幅度范围内，或在要求合约月份及其他现有合约月份中最高与最低的行使价幅度内（以最大幅度为准）
交易时间	上午 9 时 15 分至中午 12 时整及下午 1 时整至下午 4 时 15 分（到期合约月份在合约到期日收市时间为下午 4 时整），自订条款指数期权合约于收市前 30 分钟内不接纳该合约的有关建立要求	
合约到期日	该月最后第二个营业日	
最后结算价	在到期日当天下列时间所报指数点的平均数为依归，下调至最接近的整数指数点：（1）联交所持续交易时段开始后的 5 分钟起直至持续交易时段完结前的 5 分钟止期间每隔 5 分钟所报的指数点；（2）联交所收市时	

资料来源：香港交易所。

（二）　按期权买者的权利分为看涨期权和看跌期权

期权可分为看涨期权（call option）和看跌期权（put option）。凡是赋予期权买者购买标的资产权利的合约，就是看涨期权；而赋予期权买者出售标的资产权利的合约就是看跌期权。看涨期权的买方之所以要购买期权，是因为他对标的资产的价格看涨，所以叫看涨期权；看跌期权的买方之所以要购买期权，是因为他对标的资产的价格看跌。

（三）按期权的交易场所分为场内交易期权和场外交易期权

场内交易期权，一般在交易所的交易大厅内公开竞价，所交易的是标准化期权合约，即由交易所预先制定每一份合约的交易规模（如股票期权为 100 股）、协议价格、通知日、交易日、交易时间等，合约的唯一变量是期权费。

场内期权交易由专门的期权清算所进行清算，该清算所充当买方的卖方，卖方的买方。当投资者要求执行期权的指令传到清算所时，清算所随机地选择某个持有相同期权空头的会员。而该会员按事先订立的程序，选择某个特定的出售该期权的投资者，履行卖方义务。

场外交易期权，是卖方为满足某一购买者特定的需求而产生的。它并不在交易所大厅内进行交易，因此没有具体的交易地点。成交额、协议价格、到期日等都由买卖双方自行商定。期权合约不经过清算所清算，也没有担保，它的履行与否全看期权的出售者是否履行合约。

（四）按期权的标的物分为股票期权、利率期权、外汇期权、股票指数期权、期货期权、互换期权等

股票期权，是指以某个证券交易所上市交易的某种股票为标的资产的期权合约。一般来说，作为股票期权标的的股票必定是公开上市交易的股票，但不是所有上市的股票都能作为股票期权的标的的。

利率期权，是指相关资产为定息债券的期权，在美国通常为短期国库券、中长期国债。

外汇期权，也叫货币期权，是指在某国相关期权交易所交易的，以其他国家的外汇作为标的资产的期权合约。对于外汇期权合约来说，每单位标的资产外汇的数量是固定的，但不同货币又有不同的数量单位。

股票指数期权，是以股票价格指数为标的的期权，具有风险收益不对称、现金清算、交易成本低及收益多样化等特点。期权购买者付给期权的出售方一笔期权费，以取得在未来某个时间或该时间之前，以某种价格水平，即股指水平买进或卖出某种股票指数合约的选择权。指数期权以普通股股价指数作为标的，其价值决定于作为标的的股价指数的价值及其变化。股指期权必须用现金交割。清算的现金额度等于指数现值与协议价格之差与该期权的乘数之积。如恒生指数期权清算的现金额度等于指数现值与行权价之差乘 50 港币。

期货期权（option on futures）。是指以某个交易所上市交易的某种期货合约为标的资产的期权合约。期货期权的基础是商品期货合同，期货期权合同实施时

金融学科核心课程系列教材

要求交易的不是期货合同所代表的商品，而是期货合同本身。如果执行的是一份期货看涨期权，持有者将获得该期货合约的多头头寸外加一笔数额等于当前期货价格减去协议价格的现金。

互换期权，是指以互换合约为交易对象的选择权，他赋予其持有者在规定时间内与交易对手进行互换交易的权利。

（五） 按协议价格与标的物市场价格的关系不同可分为实值期权、平值期权、虚值期权

实值期权是指如果期权立即履行（执行），买方具有正值的现金流，对期权的买方有利；平值期权是指如果立即履约，买方现金流为零；虚值期权则是指如果期权立即履约，买方的现金流为负，对期权卖方有利。

实值期权、平值期权、虚值期权与看涨、看跌期权的关系见表 7.2。

表 7.2　　实值期权、平值期权、虚值期权与看涨、看跌期权的对应关系

	看涨期权	看跌期权
实值期权	市场价格 > 协议价格	市场价格 < 协议价格
平值期权	市场价格 = 协议价格	市场价格 = 协议价格
虚值期权	市场价格 < 协议价格	市场价格 > 协议价格

实值（in the money）、平值（at the money）、虚值（out of the money）描述的是期权在有效期内某个时点的状态，随着时间的变化，标的物价格会不断变化，同一期权的状态也会不断变化，有时是实值期权，有时是平值期权，有时会变成虚值期权。

四、期权的特征

从期权的交易场所看，不仅有正规的交易所（标准化的期权合约），还有一个规模庞大的场外交易市场（非标准化的期权合约）。

从标准化程度看，交易所交易的现货期权和所有的期货期权是标准化的，交易所对期权合约的规模、期权价格的最小变动单位、期权价格的每日最高波动幅度、最后交易日、交割方式、标的资产的品质都进行了标准化规定。场外交易的现货期权是非标准化的。

从合约有效期看，对于场内交易的期权，合约有效期一般不超过 9 个月，以

3个月和6个月最为常见。

从盈亏风险看，期权交易卖方的亏损风险可能是无限的，也可能是有限的，盈利风险是有限的（以期权费为限）；期权交易买方的亏损风险是有限的（以期权费为限），盈利风险可能是无限的，也可能是有限的。

从保证金看，期权的买者则无须交纳保证金，交易所交易的期权卖者则必须交纳保证金。

五、期权与期货的区别

作为金融衍生工具的两个重要品种，期权交易与期货交易有许多不同之处，主要归纳如下：

（1）权利和义务。期货合约的双方都被赋予相应的权利和义务，除非用相反的合约抵消，这种权利和义务在到期日必须行使，也只能在到期日行使，期货的空方甚至还拥有在交割月选择在哪一天交割的权利。而期权合约只赋予买方权利，卖方则无任何权利，他只有在对方履约时进行对应买卖标的物的义务。特别是美式期权的买者可在约定期限内的任何时间执行权利，也可以不行使这种权利；期权的卖者则须准备随时履行相应的义务。

（2）标准化。期货合约都是标准化的，因为它都是在交易所中交易的，而期权合约则不一定。场外交易的现货期权是非标准化的，但在交易所交易的现货期权和所有的期货期权则是标准化的。

（3）盈亏风险。期货交易双方所承担的盈亏风险都是无限的。而期权交易卖方的亏损风险可能是无限的（看涨期权），也可能是有限的（看跌期权），盈利风险是有限的（以期权费为限）；期权交易买方的亏损风险是有限的（以期权费为限），盈利风险可能是无限的（看涨期权），也可能是有限的（看跌期权）。

（4）保证金。期货交易的买卖双方都须交纳保证金。期权的买者则无须交纳保证金，因为他的亏损不会超过他已支付的期权费，而在交易所交易的期权卖者则也要交纳保证金，这跟期货交易一样。场外交易的期权卖者是否需要交纳保证金则取决于当事人的意见。

（5）买卖匹配。期货合约的买方到期必须买入标的资产，而期权合约的买方在到期日或到期前则有买入（看涨期权）或卖出（看跌期权）标的资产的权利。期货合约的卖方到期必须卖出标的资产，而期权合约的卖方在到期日或到期前则有根据买方意愿相应卖出（看涨期权）或买入（看跌期权）标的资产的义务。

（6）套期保值。运用期货进行的套期保值，在把不利风险转移出去的同时，也把有利风险转移出去。而运用期权进行的套期保值时，只把不利风险转移出去而把有利风险留给自己。

六、期权交易制度

我国的上海证券交易所推出的上证50ETF期权合约品种，标志着中国大陆场内期权市场的诞生。下面结合上证50ETF期权合约（见表7.3）介绍一下我国期权的基本交易制度。

上证50ETF期权的合约标的为华夏"上证50交易型开放式指数证券投资基金"，简称为"50ETF"，证券代码为"510050"，基金管理人为华夏基金管理有限公司。上证50ETF每张期权合约对应10 000份50ETF基金份额。上证50ETF期权合约类型包括认购期权和认沽期权两种类型，均为欧式期权。上证50ETF认购期权是在到期日以行权价买入约定数量的华夏上证50ETF的权力，上证50ETF认沽期权是在到期日以行权价卖出约定数量的华夏上证50ETF的权力。其中有4个到期月份（当月、下月以及随后两个季月），每个月份又包括5个行权价，其中平值（行使权利对买卖双方都无意义的状态）1个、实值（行使权利买方可盈利的状态）2个、虚值（行使权利买方会造成额外损失的状态）2个，因此共40个合约。

表7.3 上证50ETF期权合约基本条款

合约标的	上证50交易型开放式指数证券投资基金（"50ETF"）
合约类型	认购期权和认沽期权
合约单位	10 000份
合约到期月份	当月、下月及随后两个季月
行权价格	5个（1个平值合约、2个虚值合约、2个实值合约）
行权价格间距	3元或以下为0.05元，3元至5元（含）为0.1元，5元至10元（含）为0.25元，10元至20元（含）为0.5元，20元至50元（含）为1元，50元至100元（含）为2.5元，100元以上为5元
行权方式	到期日行权（欧式）
交割方式	实物交割（业务规则另有规定的除外）
到期日	到期月份的第四个星期三（遇法定节假日顺延）
行权日	同合约到期日，行权指令提交时间为9：15～9：25，9：30～11：30，13：00～15：30

续表

交收日	行权日次一交易日
交易时间	上午9：15～9：25，9：30～11：30（9：15～9：25为开盘集合竞价时间） 下午13：00～15：00（14：57～15：00为收盘集合竞价时间）
委托类型	普通限价委托、市价剩余转限价委托、市价剩余撤销委托、全额即时限价委托、全额即时市价委托以及业务规则规定的其他委托类型
买卖类型	买入开仓、买入平仓、卖出开仓、卖出平仓、备兑开仓、备兑平仓以及业务规则规定的其他买卖类型
最小报价单位	0.0001 元
申报单位	1 张或其整数倍
涨跌幅限制	认购期权最大涨幅 $=\max\{$合约标的前收盘价$\times 0.5\%$，$\min[(2\times$合约标的前收盘价$-$行权价格），合约标的前收盘价$]\times 10\%\}$ 认购期权最大跌幅 $=$ 合约标的前收盘价$\times 10\%$ 认沽期权最大涨幅 $=\max\{$行权价格$\times 0.5\%$，$\min[(2\times$行权价格$-$合约标的前收盘价），合约标的前收盘价$]\times 10\%\}$ 认沽期权最大跌幅 $=$ 合约标的前收盘价$\times 10\%$
熔断机制	连续竞价期间，期权合约盘中交易价格较最近参考价格涨跌幅度达到或者超过50%且价格涨跌绝对值达到或者超过5个最小报价单位时，期权合约进入3分钟的集合竞价交易阶段
开仓保证金最低标准	认购期权义务仓开仓保证金 $=[$合约前结算价$+\max(12\%\times$合约标的前收盘价$-$认购期权虚值，$7\%\times$合约标的前收盘价$)]\times$合约单位 认沽期权义务仓开仓保证金 $=\min[$合约前结算价$+\max(12\%\times$合约标的前收盘价$-$认沽期权虚值，$7\%\times$行权价格），行权价格$]\times$合约单位
维持保证金最低标准	认购期权义务仓维持保证金 $=[$合约结算价$+\max(12\%\times$合约标的收盘价$-$认购期权虚值，$7\%\times$合约标的收盘价$)]\times$合约单位 认沽期权义务仓维持保证金 $=\min[$合约结算价$+\max(12\%\times$合标的收盘价$-$认沽期权虚值，$7\%\times$行权价格），行权价格$]\times$合约单位

（一）持仓限额制度

期权交易实行持仓限额制度。持仓限额包括单个合约品种的权利仓持仓限额、总持仓限额、单日买入开仓限额以及个人投资者持有的权利仓对应的总成交金额限额等。是交易所为防范操纵市场价格的行为，防止市场风险过度集中于少数投资者而定的制度。期权经营机构、投资者对单个合约品种的权利仓持仓数量、总持仓数量以及单日买入开仓数量达到或者超过上交所规定的持仓限额，或者个人投资者持有的权利仓对应总成交金额达到或者超过规定额度的，不得再进行相应的开仓交易。

上证50ETF期权上市初期，规定单个投资者（含个人投资者、机构投资者以及期权经营机构自营业务，下同）的权利仓持仓限额为20张，总持仓限额为50张，单日买入开仓限额为100张；单个期权经营机构经纪业务的总持仓限额为500万张。上海证券交易所于2015年5月4日起调整了上证50ETF期权的持仓限额。对上证50ETF期权持仓限额规定如下：

（1）新开立合约账户的投资者，权利仓持仓限额为20张，总持仓限额为50张，单日买入开仓限额为100张。

（2）合约账户开立满1个月且期权合约成交量达到100张的投资者，权利仓持仓限额为1 000张。对于经评估认为风险承受能力较强且具备三级交易权限的客户，期权经营机构可以适当缩短其合约账户开立时限要求。

（3）对于经评估认为风险承受能力较强、期权合约成交量达到500张且在期权经营机构托管的自有资产余额超过100万的客户，可以提高其权利仓持仓限额至不超过2 000张；对于经评估认为风险承受能力较强、期权合约成交量达到1 000张且在期权经营机构托管的自有资产余额超过500万元的客户，可以提高其权利仓持仓限额至不超过5 000张。

（4）总持仓限额和单日买入开仓限额根据权利仓持仓限额相应进行调整，总持仓限额为权利仓持仓限额的2倍，单日买入开仓限额为权利仓持仓限额的10倍。

上海证券交易所自2016年8月8日起，进一步调整上证50ETF期权持仓限额管理。将单日开仓限额调整为单日买入开仓限额。单日买入开仓限额为总持仓限额的2倍，最大不超过1万张。同时规定期权经营机构将投资者权利仓持仓限额提高到2 000张以上（不含2 000张）的，应当在调整的前一交易日填报《股票期权持仓限额报备表》（附件），向交易所进行备案。

（二）涨跌停和熔断机制

涨跌停制度对每日价格最大波动进行限制，在一个交易日中期权交易价格波动不得高于或低于规定的涨跌幅度，超过该涨跌幅度的报价将被视为无效，不能成交。上交所对期权交易实行价格涨跌停制度，以此防范风险。

$$合约涨跌停价格 = 合约前结算价格 ± 最大涨跌幅$$

金融学科核心课程系列教材

认购期权最大涨幅＝max｛合约标的前收盘价×0.5%，min［（2×合约标的前收盘价－行权价格），合约标的前收盘价］×10%｝

假设上证50ETF前收盘价为2.364元，根据上证50ETF期权行情（见表7.4）。

表 7.4 　　　　　　**上证 50ETF 期权行情**　　　　更新时间：2017－03－24

认购			4 月份		认沽		
合约交易代码	当前价	涨跌幅	前结价	行权价	合约交易代码	当前价	涨跌幅	前结价
510050C 1704M02300	0.0710	42.00%	0.0500	2.300	510050P 1704M02300	0.0042	−51.16%	0.0086
510050C 1704M02350	0.0328	60.00%	0.0205	2.350	510050P 1704M02350	0.0154	−45.00%	0.0280
510050C 1704M02400	0.0126	72.60%	0.0073	2.400	510050P 1704M02400	0.0446	−30.42%	0.0641
510050C 1704M02450	0.0042	68.00%	0.0025	2.450	510050P 1704M02450	0.0880	−21.22%	0.1117
510050C 1704M02500	0.0017	30.77%	0.0013	2.500	510050P 1704M02500	0.1350	−15.09%	0.1590
510050C 1704M02250	0.1173	23.60%	0.0949	2.250	510050P 1704M02250	0.0013	−48.00%	0.0025

资料来源：http://www.sse.com.cn。

510050C1704M02300 认购期权最大涨幅 = max｛2.364 × 0.5%，min［（2 × 2.364 − 2.3），2.364］× 10%｝= max｛0.01182，min［2.428，2.364］× 10% = 0.2364（元）

此例中 510050C1704M02300 认购期权最大涨幅为合约标的前收盘价×10%

510050C1704M02300 是交易代码，上证 50ETF 期权合约的交易代码共有 17 位，具体组成为：第 1 至第 6 位为合约标的证券代码；第 7 位为 C 或 P，分别表示认购期权或者认沽期权；第 8、9 位表示到期年份的后两位数字；第 10、11 位表示到期月份；第 12 位期初设为"M"，并根据合约调整次数按照"A"至"Z"依序变更，如变更为"A"表示期权合约发生首次调整，变更为"B"表示期权合约发生第二次调整，依此类推；第 13 至 17 位表示行权价格，单位为 0.001 元。所以"510050C1704M02300"表示的是"2017 年 4 月份到期的、行权价格是 2.300 元/份的上证 50ETF 认购期权合约"。

认购期权最大跌幅＝合约标的前收盘价×10%

金融学科核心课程系列教材

$$认沽期权最大涨幅 = \max\{ 行权价格 \times 0.5\%, \min[(2 \times 行权价格 - 合约标的前收盘价), 合约标的前收盘价] \times 10\% \}$$

$$认沽期权最大跌幅 = 合约标的前收盘价 \times 10\%$$

除了涨跌停制度，上交所对期权交易还设立了熔断机制。规定连续竞价期间，期权合约盘中交易价格较最近参考价格涨跌幅度达到或者超过 50% 且价格涨跌绝对值达到或者超过 5 个最小报价单位时，期权合约进入 3 分钟的集合竞价交易阶段，即熔断状态，它是由期权市场自身交易价格波动触发。

（三）保证金制度

在期货交易中，任何交易者必须按照其所买卖期货合约价格的一定比例缴纳保证金。保证金制度既体现了期货交易特有的"杠杆效应"，同时也成为交易所控制期货交易风险的一种重要手段。期权交易也实行保证金制度。不过期权的买者（权利方）则无须交纳保证金，因为他的亏损不会超过他已支付的期权费，而在交易所交易的期权卖者（义务方）则要交纳保证金。保证金包括结算准备金和交易保证金。交易保证金分为开仓保证金和维持保证金。开仓保证金是指上交所对每笔卖出开仓申报实时计算并对有效卖出开仓申报实时扣减的保证金日间额度。结算准备金是指结算参与人存入期权保证金账户（以下简称保证金账户），用于期权交易结算且未被占用的保证金；维持保证金是指结算参与人存入保证金账户，用于担保合约履行且已被合约占用的保证金。保证金应当以现金或者经上交所及中国证券登记结算有限责任公司（以下简称中国结算）认可的证券交纳。保证金按照下列要求，进行分级收取：期权经营机构向客户收取；中国结算向结算参与人收取。

上证 50ETF 期权开仓保证金最低标准：

认购期权义务仓开仓保证金 = [合约前结算价 + max(12% ×合约标的前收盘价 - 认购期权虚值，7% ×合约标的前收盘价)] ×合约单位。

认沽期权义务仓开仓保证金 = min[合约前结算价 + max(12% ×合约标的前收盘价 - 认沽期权虚值，7% ×行权价格)，行权价格] ×合约单位。

认购期权虚值 = max(行权价 - 合约标的前收盘价，0)，认沽期权虚值 = max(合约标的前收盘价 - 行权价，0)。

假设投资者小王于 2017 年 3 月 24 日按每份 0.0042 元卖出一份 510050P1704M02300 认沽期权，共收入期权费 42 元，该期权合约前结算价 0.0086 元，50ETF 前收盘价 2.364。则投资者应缴纳的开仓保证金为：

$$\min[0.0086 + \max(12\% \times 2.364 - (2.364 - 2.3), 7\% \times 2.3), 2.3] \times 10\,000 =$$

2 282.8（元）

　　认购期权义务仓维持保证金 = ［合约结算价 + max（12% × 合约标的收盘价 −
认购期权虚值，7% × 合约标的收盘价）］ × 合约单位

　　认沽期权义务仓维持保证金 = min［合约结算价 + max（12% × 合标的收盘价 −
认沽期权虚值，7% × 行权价格），行权价格］ × 合约单位

　　每个交易日日终，中国结算按上交所公布的合约结算价格计算并收取结算参
与人应当交纳的维持保证金。

　　投资者合约账户持有认购期权备兑开仓持仓头寸的，中国结算日终对该投资
者合约账户对应证券账户内的合约标的进行交割锁定，并免收维持保证金，被交
割锁定的合约标的即为备兑证券。备兑开仓，是指投资者提前锁定足额合约标的
作为将来行权交割所应交付的证券，并据此卖出相应数量的认购期权。

　　对于备兑开仓，投资者事先需要提交标的证券的锁定和解锁指令，上交所于
盘中通过交易系统对相应备兑备用证券进行日间锁定。投资者提交锁定的备兑备
用证券不足的，则其提交的备兑开仓指令无效。备兑开仓的合约进行平仓后，投资
者当日可以提交备兑证券解除锁定指令；当日未提交的，于收盘时自动解除锁定。

　　备兑证券用于备兑开仓期权合约的行权交割，遇相同标的期权合约先行行权
交割且结算参与人无法足额交付行权合约标的的，备兑证券将优先用于相同标的
先行到期期权合约的行权交割。如盘后交割锁定时发生备兑证券不足的，投资者
应当在规定时间内补足，否则将触发强行平仓。

第二节　期权价格的特性

一、内在价值和时间价值

　　有期权的买卖就会有期权的价格，通常将期权的价格称为"权利金"或者
"期权费"。期权的价格取决于期权到期月份、所选择的协议价格、标的资产的波动
性以及利率等因素，期权价格（或者说价值）等于期权的内在价值加上时间价值。

（一）期权的内在价值

　　期权的内在价值（intrinsic value）是 0 与多方行使期权时可以获得的收益的
最大贴现值的较大值。它反映了期权合约协议价格与标的物市场价格之间的关

系。对看涨期权而言，如果记期权协议价格为 X，标的资产当前价格为 S，到期时的价格为 S_T，对于欧式看涨期权来说，因多方只能在期权到期时行使，因此其内在价值为 $(S_T - X)$ 的现值与 0 的较大值。由于对于无收益资产而言，S_T 的现值就是当前的市价 (S)，而对于支付现金收益的资产来说，S_T 的现值为 $S - D$，其中 D 表示在期权有效期内标的资产现金收益的现值。因此，无收益资产欧式看涨期权的内在价值等于 $\max(S - Xe^{-r(T-t)}, 0)$，而有收益资产欧式看涨期权的内在价值等于 $\max(S - D - Xe^{-r(T-t)}, 0)$。

对看跌期权而言，同理，无收益资产欧式看跌期权的内在价值为 $\max(Xe^{-r(T-t)} - S, 0)$，有收益资产欧式看跌期权的内在价值为 $\max(Xe^{-r(T-t)} + D - S, 0)$。

美式期权由于有提前执行的可能性，这里就不分析了。

（二）期权的时间价值

期权的时间价值（time value）是指在期权有效期内标的资产价格波动为期权持有者带来收益的可能性所隐含的价值。标的资产价格的波动率越高，期权的时间价值就越大。在现实的期权交易中，各种期权通常是以高于内在价值的价格买卖的，即使是平价期权或虚值期权，也会以大于零的价格成交。期权的买方之所以愿意支付额外的费用，是因为希望随着时间的推移和标的资产价格的变动，该期权的内在价值得以增加，使虚值期权或平价期权变为实值期权，或使实值期权的价值进一步提高。期权的时间价值等于期权的实际价格减去内在价值，当期权处于平价状态的时候（内在价值正好为零），期权的时间价值最大。当 $S = Xe^{-r(T-t)}$ 时，无收益资产看涨期权的时间价值最大，当 $S - Xe^{-r(T-t)}$ 的绝对值增大时，期权的时间价值是递减的，如图 7.1 所示。

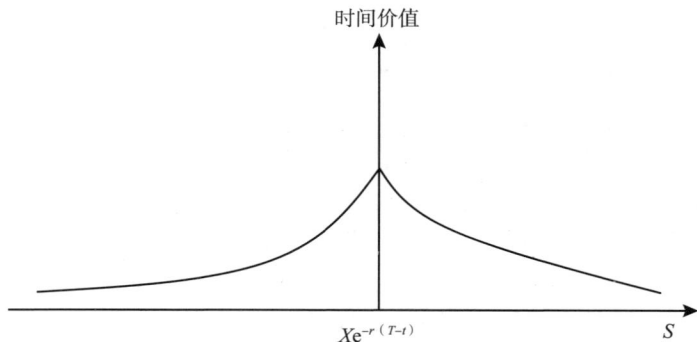

图 7.1 无收益资产看涨期权时间价值与 $(S - Xe^{-r(T-t)})$ 的关系

类似的，可以分析有收益资产看涨期权的时间价值在 $S = D + Xe^{-r(T-t)}$ 点最大，而无收益资产欧式看跌期权的时间价值在 $S = Xe^{-r(T-t)}$ 点最大，有收益资产欧式看跌期权的时间价值在 $S = Xe^{-r(T-t)} - D$ 点最大。

二、期权价格的影响因素

期权价格的影响因素很多，他们通过影响期权的内在价值和时间价值来影响期权的价格。

（一）标的资产的市场价格与期权的协议价格

由于看涨期权在执行时，其收益等于标的资产当时的市价与协议价格之差。因此，标的资产的价格越高、协议价格越低，看涨期权的价格就越高。

对于看跌期权而言，由于执行时其收益等于协议价格与标的资产市价的差额，因此，标的资产的价格越低、协议价格越高，看跌期权的价格就越高。

（二）期权的有效期

对于美式期权而言，由于它可以在有效期内任何时间执行，有效期越长，多头获利机会就越大，而且有效期长的期权包含了有效期短的期权的所有执行机会，因此有效期越长，期权价格越高。

对于欧式期权而言，由于它只能在期末执行，有效期长的期权就不一定包含有效期短的期权的所有执行机会。这就使欧式期权的有效期与期权价格之间的关系显得较为复杂。例如，同一股票的两份欧式看涨期权，一个有效期1个月，另一个2个月，假定在5周后标的股票将有大量红利支付，由于支付红利会使股价下降，在这种情况下，有效期短的期权价格甚至会大于有效期长的期权。

但在一般情况下（即剔除标的资产支付大量收益这一特殊情况），由于有效期越长，标的资产的风险就越大，空头亏损的风险也越大，因此即使是欧式期权，有效期越长，其期权价格也越高，即期权的边际时间价值（marginal time value）为正值。

随着时间的延长，期权时间价值的增幅是递减的。这就是期权的边际时间价值递减规律。换句话说，对于到期日确定的期权来说，在其他条件不变时，随着时间的流逝，其时间价值的减小是递增的。这意味着，当时间流逝同样长度，期限长的期权的时间价值减小幅度将小于期限短的期权时间价值的减小幅度。

金融学科核心课程系列教材

（三）标的资产价格的波动率

标的资产价格的波动率是用来衡量标的资产未来价格变动不确定性的指标，波动率越大买方可能获利的概率越大，由于期权多头的最大亏损额仅限于期权价格，而最大盈利额则取决于执行期权时标的资产市场价格与协议价格的差额，因此波动率越大，对期权多头越有利，期权价格也应越高。

（四）无风险利率

当无风险利率增大时，则标的资产的预期收益率也应较高，这意味着对应于标的资产现在特定的市价（S_o），未来预期价格［$E(S_T)$］较高。对应于较高的无风险利率，看涨期权的价格也较高，看跌期权的价格则下降。

（五）标的资产的收益

由于标的资产分红付息等将减少标的资产的价格，而协议价格并未进行相应调整，因此在期权有效期内标的资产产生收益将使看涨期权价格下降，而使看跌期权价格上升。

三、期权价格的上、下限

（一）期权价格的上限

1. 看涨期权价格的上限

看涨期权的购买者有权以某一确定的价格购买一定单位标的资产，因此在任何情况下，期权的价格都不会超过标的资产的价格。否则的话，套利者就可以通过买入标的资产并卖出期权来获取无风险利润。因此，对于美式和欧式看涨期权来说，标的资产价格都是看涨期权价格的上限：

$$c \leq S \text{ 和 } C \leq S \qquad 7.1$$

其中，c 代表欧式看涨期权价格，C 代表美式看涨期权价格，S 代表标的资产价格。

2. 看跌期权价格的上限

看跌期权的购买者有权以 X 的价格出售一单位的标的资产，由于标的资产价格非负，所以期权的价格不会超过 X。美式看跌期权价格（P）的上限为 X：

$$P \leq X \qquad 7.2$$

由于欧式看跌期权只能在到期日（T时刻）执行，在T时刻，其最高价值为X，因此，欧式看跌期权价格（p）不能超过X的现值：

$$p \leqslant Xe^{-r(T-t)}$$ 　　　7.3

其中，r代表T时刻到期的无风险利率，t代表现在时刻。

（二）期权价格的下限

由于确定期权价格的下限较为复杂，我们这里先给出欧式期权价格的下限，并区分无收益与有收益标的资产两种情况。

1. 欧式看涨期权价格的下限

（1）无收益资产欧式看涨期权价格的下限

为了推导出期权价格下限，我们考虑如下两个组合：

组合A：一份欧式看涨期权加上金额为$Xe^{-r(T-t)}$的现金。

组合B：一单位标的资产。

在组合A中，如果现金按无风险利率投资则在T时刻将变为X，即等于协议价格。此时多头要不要执行看涨期权，取决于T时刻标的资产价格（S_T）是否大于X。若$S_T > X$，则执行看涨期权，组合A的价值为S_T；若$S_T \leqslant X$，则不执行看涨期权，组合A的价值为X。因此，在T时刻，组合A的价值为：

$$\max(S_T, \ X)$$

而在T时刻，组合B的价值为S_T。由于$\max(S_T, \ X) \geqslant S_T$，因此，在$t$时刻组合A的价值也应大于等于组合B，即：

$$c + Xe^{-r(T-t)} \geqslant S$$
$$c \geqslant S - Xe^{-r(T-t)}$$

由于期权的价值一定为正，因此无收益资产欧式看涨期权价格下限为：

$$c \geqslant \max[S - Xe^{-r(T-t)}, \ 0]$$ 　　　7.4

（2）有收益资产欧式看涨期权价格的下限

我们只要将上述组合A的现金改为$D + Xe^{-r(T-t)}$，其中D为期权有效期内资产收益的现值，并经过类似的推导，就可得出有收益资产欧式看涨期权价格的下限为：

$$c \geqslant \max[S - D - Xe^{-r(T-t)}, \ 0]$$ 　　　7.5

2. 欧式看跌期权价格的下限

（1）无收益资产欧式看跌期权价格的下限

考虑以下两种组合：

组合C：一份欧式看跌期权加上一单位标的资产。

金融学科核心课程系列教材

组合 D：金额为 $Xe^{-r(T-t)}$ 的现金。

在 T 时刻，如果 $S_T < X$，期权将被执行，组合 C 价值为 X；如果 $S_T > X$，期权将不被执行，组合 C 价值为 S_T，即在组合 C 的价值为：

$$\max(S_T, X)$$

假定组合 D 的现金以无风险利率投资，则在 T 时刻组合 D 的价值为 X。由于组合 C 的价值在 T 时刻大于等于组合 D，因此组合 C 的价值在 t 时刻也应大于等于组合 D，即：

$$p + S \geq Xe^{-r(T-t)}$$
$$p \geq Xe^{-r(T-t)} - S$$

由于期权价值一定为正，因此无收益资产欧式看跌期权价格下限为：

$$p \geq \max\left[Xe^{-r(T-t)} - S, 0\right] \qquad 7.6$$

（2）有收益资产欧式看跌期权价格的下限

我们只要将上述组合 D 的现金改为 $D + Xe^{-r(T-t)}$ 就可得到有收益资产欧式看跌期权价格的下限为：

$$p \geq \max\left[D + Xe^{-r(T-t)} - S, 0\right] \qquad 7.7$$

从以上分析可以看出，欧式期权的下限实际上就是其内在价值。

四、看涨期权与看跌期权之间的平价关系

（一）无收益资产的欧式看涨期权与看跌期权之间的平价关系

在标的资产没有收益的情况下，为了推导 c 和 p 之间的关系，我们考虑如下两个组合：

组合 A：一份欧式看涨期权加上金额为 $Xe^{-r(T-t)}$ 的现金。

组合 B：一份有效期和协议价格与看涨期权相同的欧式看跌期权加上一单位标的资产。

在期权到期时，两个组合的价值均为 $\max(S_T, X)$。由于欧式期权不能提前执行，因此两组合在时刻 t 必须具有相等的价值，即：

$$c + Xe^{-r(T-t)} = p + S \qquad 7.8$$

这就是无收益资产欧式看涨期权与看跌期权之间的平价关系（parity）。它表明欧式看涨期权的价值可根据相同协议价格和到期日的欧式看跌期权的价值推导出来，反之亦然。

如果式 7.8 不成立，则存在无风险套利机会。套利活动将最终促使式 7.8

成立。

（二） 有收益资产的欧式看涨期权与看跌期权之间的平价关系

在标的资产有收益的情况下，只要把组合 A 中的现金改为 $D + Xe^{-r(T-t)}$，就可以推导出有收益资产欧式看涨期权和看跌期权的平价关系：

$$c + D + Xe^{-r(T-t)} = p + S \qquad\qquad 7.9$$

从看涨期权和看跌期权的平价关系中我们可以对看涨期权和看跌期权的特性有深入的了解。以看涨期权为例：

首先，根据式 7.9 有：

$$c = p + S - Xe^{-r(T-t)} - D$$

也就是说在其他条件相同的情况下，如果红利的现值 D 增加，那么期权的价值会下跌。

其次，在没有红利的条件下，根据式 7.8 有：

$$c = p + S - Xe^{-r(T-t)}$$

因此看涨期权等价于借钱买入股票，并买入一个看跌期权来提供保险。和直接购买股票相比，看涨期权多头有两个优点：保险和可以利用杠杆效应。

对看跌期权也可以作类似的分析。

五、提前执行美式期权的合理性

美式期权与欧式期权的区别在于能否提前执行，因此如果我们可以证明提前执行美式期权是不合理的，那么在定价时，美式期权就等同于欧式期权，从而大大降低定价的难度。

（一） 提前执行无收益资产美式期权的合理性

1. 看涨期权

由于现金会产生收益，而提前执行看涨期权得到的标的资产无收益，再加上美式期权的时间价值总是为正的，因此我们可以直观地判断提前执行无收益资产的美式看涨期权是不明智的。为了精确地推导这个结论，我们考虑如下两个组合：

组合 A：一份美式看涨期权加上金额为 $Xe^{-r(T-t)}$ 的现金。

组合 B：一单位标的资产。

在 T 时刻，组合 A 的现金变为 X，组合 A 的价值为 $\max(S_T, X)$。而组合 B

的价值为 S_T，可见，组合 A 在 T 时刻的价值一定大于等于组合 B。这意味着，如果不提前执行，组合 A 的价值一定大于等于组合 B。

我们再来看一下提前执行美式期权的情况。若在 τ 时刻提前执行，则提前执行看涨期权所得盈利等于 $S_\tau - X$，其中 S_τ 表示 τ 时刻标的资产的市价，而此时现金金额变为 $Xe^{-\hat{r}(T-\tau)}$，其中 $\hat{r}$ 表示 $T-\tau$ 时段的远期利率。因此，若提前执行的话，在 τ 时刻组合 A 的价值为：$S_\tau - X + Xe^{-\hat{r}(T-\tau)}$，而组合 B 的价值为 S_τ。由于 $T > \tau$，$\hat{r} > 0$，因此 $Xe^{-\hat{r}(T-t)} < X$。也就是说，若提前执行美式期权的话，组合 A 的价值将小于组合 B。

比较两种情况我们可以得出结论：提前执行无收益资产美式看涨期权是不明智的。因此，同一种无收益标的资产的美式看涨期权和欧式看涨期权的价值是相同的，即：

$$C = c \qquad\qquad 7.10$$

根据式 7.4，我们可以得到无收益资产美式看涨期权价格的下限：

$$C \geqslant \max\left[S - Xe^{-r(T-t)},\ 0 \right] \qquad\qquad 7.11$$

2. 看跌期权

为考察提前执行无收益资产美式看跌期权是否合理，我们考察如下两种组合：

组合 A：一份美式看跌期权加上一单位标的资产。

组合 B：金额为 $Xe^{-r(T-t)}$ 的现金。

若不提前执行，则到 T 时刻，组合 A 的价值为 $\max(X, S_T)$，组合 B 的价值为 X，因此组合 A 的价值大于等于组合 B。

若在 τ 时刻提前执行，则组合 A 的价值为 X，组合 B 的价值为 $Xe^{-\hat{r}(T-\tau)}$，因此组合 A 的价值也高于组合 B。

比较这两种结果我们可以得出结论：是否提前执行无收益资产的美式看跌期权，主要取决于期权的实值额（$X - S$）、无风险利率水平等因素。一般来说，只有当 S 相对于 X 来说较低，或者 r 较高时，提前执行无收益资产美式看跌期权才可能是有利的。

由于美式期权可提前执行，因此其下限比式 7.6 更严格：

$$P \geqslant X - S \qquad\qquad 7.12$$

（二）提前执行有收益资产美式期权的合理性

1. 看涨期权

由于提前执行有收益资产的美式期权可较早获得标的资产，从而获得现金收益，而现金收益可以派生利息，因此在一定条件下，提前执行有收益资产的美式看涨期权有可能是合理的。

由于在无收益的情况下，不应提前执行美式看涨期权，我们可以据此得到一个推论：在有收益情况下，只有在除权前的瞬时时刻提前执行美式看涨期权方有可能是最优的。因此我们只需推导在每个除权日前提前执行的可能性。

2. 看跌期权

由于提前执行有收益资产的美式期权意味着自己放弃收益权，因此收益使美式看跌期权提前执行的可能性变小，但还不能排除提前执行的可能性。

六、期权价格曲线的形状

（一）看涨期权价格曲线

弄清了期权价格的影响因素和期权价格上下限后，我们就可以初步推出期权价格曲线的形状。

从构成要素讲，期权价格等于内在价值加上时间价值。内在价值主要取决于 S 和 X，而时间价值则取决于内在价值 r、波动率等因素。

我们先看无收益资产的情况。看涨期权价格的上限为 S，下限为 $\max[S - Xe^{-r(T-t)}, 0]$。期权价格下限就是期权的内在价值。当内在价值等于零时，期权价格就等于时间价值。时间价值在 $S = Xe^{-r(T-t)}$ 时最大；当 S 趋于 0 和 ∞ 时，时间价值也趋于 0，此时看涨期权价值分别趋于 0 和 $S - Xe^{-r(T-t)}$。特别地，当 $S = 0$ 时，$C = c = 0$。

此外，r 越高、期权期限越长、标的资产价格波动率越大，则期权价格曲线以 0 点为中心，越往右上方旋转，但基本形状不变，而且不会超过上限，如图 7.2 所示。

有收益资产看涨期权价格曲线与图 7.2 类似，只是把 $Xe^{-r(T-t)}$ 换成 $Xe^{-r(T-t)} + D$。

（二）看跌期权价格曲线

1. 欧式看跌期权价格曲线

我们先看无收益资产看跌期权的情形。欧式看跌期权的上限为 $Xe^{-r(T-t)}$，下限为 $\max[Xe^{-r(T-t)} - S, 0]$。当 $Xe^{-r(T-t)} - S > 0$ 时，它就是欧式看跌期权的内在价值，也是其价格下限，当 $Xe^{-r(T-t)} - S < 0$ 时，欧式看跌期权内在价值为 0，其期权价格等于时间价值。当 $S = Xe^{-r(T-t)}$ 时，时间价值最大。当 S 趋于 0 和 ∞ 时，

金融学科核心课程系列教材

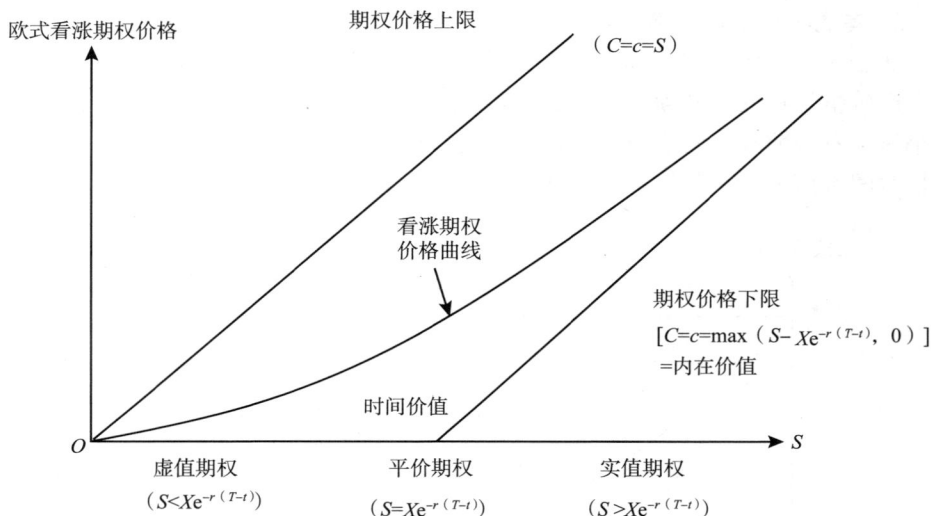

图7.2　无收益资产看涨期权价格曲线

期权价格分别趋于 $Xe^{-r(T-t)}$ 和0。特别时，当 $S=0$ 时，$p=Xe^{-r(T-t)}$。

　　r 越低、期权期限越长、标的资产价格波动率越高，看跌期权价值以 0 为中心越往右上方旋转，但不能超过上限，如图7.3所示。

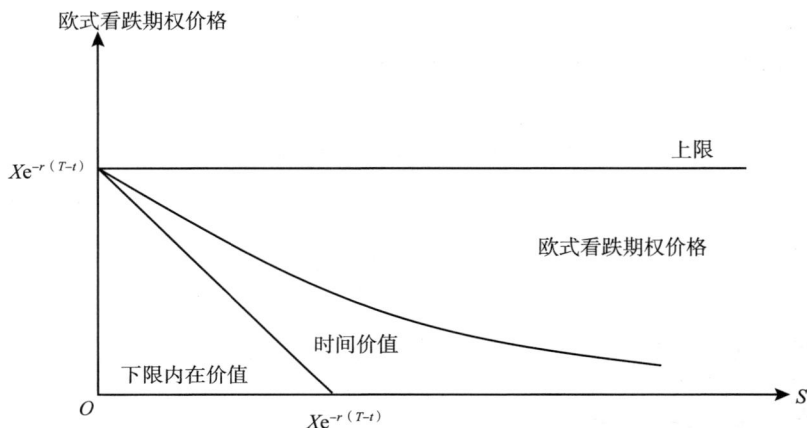

图7.3　无收益资产欧式看跌期权价格曲线

有收益资产期权价格曲线与图7.3相似，只是把 $Xe^{-r(T-t)}$ 换为 $D+Xe^{-r(T-t)}$

2. 美式看跌期权价格曲线

对于无收益标的资产来说，美式看跌期权上限为 X，下限为 $X - S$。但当标的资产价格足够低时，提前执行是明智的，此时期权的价值为 $X - S$。因此当 S 较小时，看跌期权的曲线与其下限或者说内在价值 $X - S$ 是重合的。当 $S = X$ 时，期权时间价值最大。其他情况与欧式看跌期权类似，如图 7.4 所示。

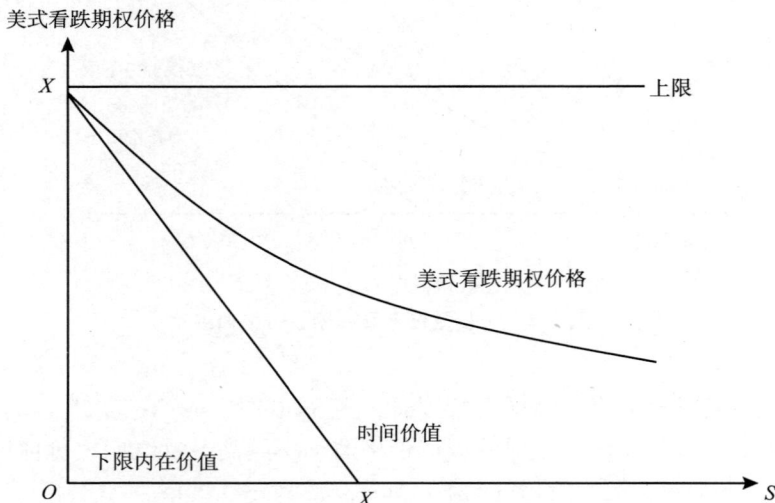

图 7.4　无收益资产美式看跌期权价格曲线

有收益美式看跌期权价格曲线与图 7.4 相似，只是把 X 换成 $D + X$。

第三节　期权交易策略

期权交易的精妙之处在于可以通过不同的期权品种构成众多具有不同盈亏分布特征的组合。投资者可以根据各自对未来标的资产现货价格概率分布的预期，以及各自的风险—收益偏好，选择最适合自己的期权组合。

一、期权交易的基本策略

期权交易有四种基本策略，投资者可以根据自身情况以及市场价格变化灵活选用。

金融学科核心课程系列教材

（一）买进看涨期权

买进看涨期权是风险有限而收益潜力却很大的策略。这种策略一般适用于投资者在某一标的资产（股票、债券、外汇、期货等）价格看涨，但又担心价格下降，不想投入购买该资产所需的全部资本。或者由于资金尚未到位，需在未来某一时间才会有足够资金用以购买标的资产。于是决定买入看涨期权。一般交易选择的协议价格为期望达到的目标价格，期权到期日则在未来现金流入期之后。

买入看涨期权是一项简单的期权策略，也是一项经常为人所用的策略。以股票看涨期权为例，它为投资者提供了一个从标的股票的上行运动中盈利的机会，而其所承担的资本风险，同拥有该股票所需的资本相比，只是极小的一部分。

假设投资者小王在 2017 年 3 月 24 日看好上证 50 指数未来走势，认为上证 50ETF 能上涨到 2.8 元，想要买入 10 万份上证 50ETF，按昨日收盘价，每份是 2.364 元，那么最少要 23.64 万元才能够买进 10 万份。资金不足，但有了期权就好办了，小王可选择以每份 0.017 元的价格买入 10 万份 4 月份到期、执行价格是 2.5 元的认购期权。这样其只需投入 0.017 元×100 000，即 1 700 元钱就可以成交了。如果到了 4 月份，上证 50ETF 的价格果然如判断那样上涨，价格达到了每份 2.8 元，那么小王每份就赚了 0.3 元，10 万份的收益就是 30 000 元。小王可要求行使按上述合约买入基金的权利，交易所方面会自动跟卖出这份合约的人进行清算，直接将对方账户上的 30 000 元打入小王的账户。即小王仅用 1 700 元就可以获得 30 000 元的收益。但如果到了 4 月份上证 50ETF 每份净值跌到 2.264 元，即每份跌掉 0.1 元，总共 10 万份要亏损 10 000 元，那么小王可以选择放弃行权，只亏损 1 700 元就结束了这笔交易，比真正买入 10 万份基金的亏损小得多。

【例 7.1】　股票 X 的价格是 $49\frac{1}{4}$ 美元，一手 6 个月有效期协议价格为 50 美元的看涨期权报价为 $3\frac{3}{8}$ 美元。如果投资者买入 1 000 股 X 股票需要花费 49 250 美元，而以 $3\frac{3}{8}$ 美元买入 10 手 6 个月的协议价格为 50 美元的看涨期权，花费 3 375 美元（10 手看涨期权×$3\frac{3}{8}$×100）。一旦 X 的价格涨过 $53\frac{3}{8}$ 美元，该投资者可能的盈利是无限的。期权买方的风险局限在所付的期权费内，在这个例子里，是 3 375 美元。

以 $3\frac{3}{8}$ 美元买进 10 手 X 股票 6 个月期 50 美元的看涨期权同以 $49\frac{1}{4}$ 美元买进 1 000 股 X 股票相比，可分析出股价在三种不同的价位下期权到期时可能的情形（见表 7.5）。

表 7.5 　　　　　　　　　　　股票与期权的盈亏比较　　　　　　　　　　　单位：美元

买进股票					买进看涨期权				
股票买价	初始股票花费 1 000 股	到期时股票价格	到期时股票所值	股票价值变化	每合约期权价格	期初总花费 10 手	到期时期权价格	期权总价值	期权价值变化
$49\frac{1}{4}$	49 250	55	55 000	5 750	$3\frac{3}{8}$	3 375	5	5 000	1 625
$49\frac{1}{4}$	49 250	52	52 000	2 750	$3\frac{3}{8}$	3 375	2	2 000	−1 375
$49\frac{1}{4}$	49 250	45	45 000	−4 250	$3\frac{3}{8}$	3 375	0	0	−3 375

　　通过以上分析可以看出，买入看涨期权策略适用于预期股价有较大上涨幅度时使用。

　　投资者买进一定协议价格的看涨期权，在支付一笔期权费后，便可享有买入或不买入相关标的物的权利。一旦价格真的上涨，便履行看涨期权，以低价获得标的物资产，然后按上涨的价格水平高价卖出标的资产，获得差价利润，在弥补支付的期权费后还有盈余；或者在期权费价格上涨时卖出期权平仓，从而获得期权费收入。在这里存在一个损益平衡点：

$$损益平衡点 = 协议价格 + 期权费$$

　　在损益平衡点以上，标的物价格上涨多少，期权便盈利多少。如果价格不但没有上涨反而下跌，则可放弃或低价转让看涨期权，其最大损失为期权费（见图 7.5）。

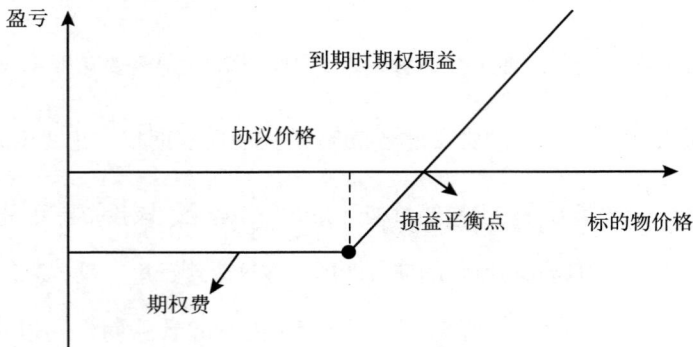

图 7.5　看涨期权多头损益

金融学科核心课程系列教材

（二）　卖出看涨期权

卖出看涨期权是收益有限却风险很大的策略。卖出看涨期权的目的是赚取期权费，其最大收益是期权费，因此卖出看涨期权的人（卖方）预测标的物价格持稳或下跌的可能性很大。当价格低于协议价格时，买方不会履行合约，卖方将稳赚期权费；当价格在协议价格与平衡点之间时，因买方可能履约，故卖方只能赚取部分期权费；当价格涨至平衡点以上时，卖方面临的风险是无限的。卖出看涨期权损益如图7.6所示。

$$损益平衡点 = 协议价格 + 期权费$$

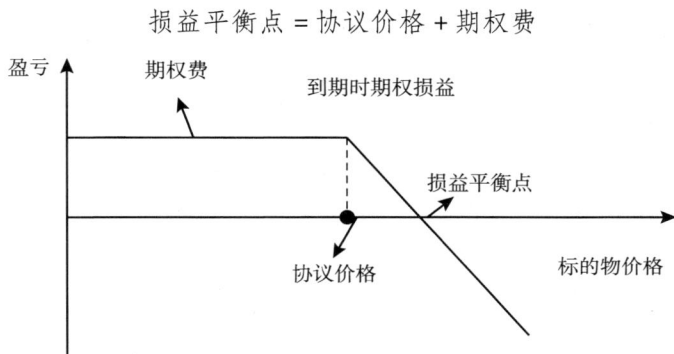

图7.6　看涨期权空头损益

（三）　买进看跌期权

买进看跌期权是风险有限而收益潜力却很大的策略。看跌期权的买方预测标的物价将下跌，那么他将获取多于所付期权费的收益；当标的物价格与预测的相反时，他的最大损失也就是期权费。因此，看跌期权买方的损失有限，盈利可能巨大（见图7.7）。

$$损益平衡点 = 协议价格 - 期权费$$

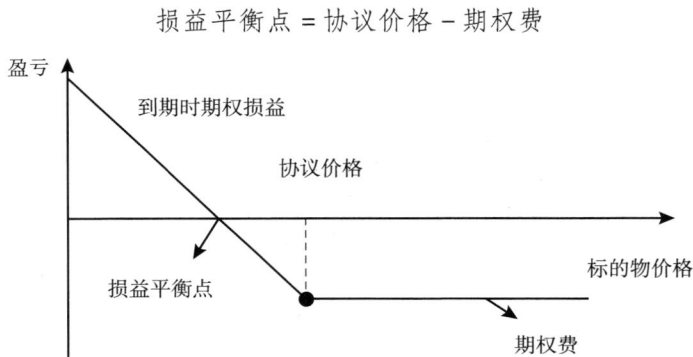

图7.7　看跌期权多头损益

（四）卖出看跌期权

卖出看跌期权是收益有限却风险很大的策略。当标的物价格上涨或基本持平时，可稳赚期权费；如果标的物价格下跌，发生的损失将开始抵消所收期权费，价格跌至平衡点以下时期权卖方将开始出现净损失。卖出看跌期权损益如图 7.8 所示。

损益平衡点 = 协议价格 − 期权费

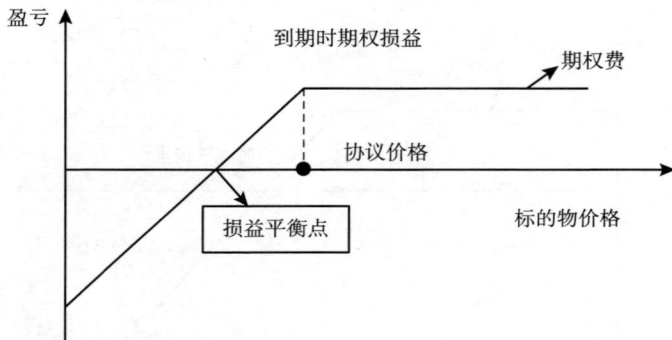

图 7.8　看跌期权空头损益

二、期权的差价组合交易策略

差价（spreads）组合是指持有相同期限、不同协议价格的两个或多个同种期权头寸组合（即同是看涨期权，或者同是看跌期权），其主要类型有牛市差价组合、熊市差价组合、蝶式差价组合等。

（一）牛市差价（bull spreads）组合

牛市差价组合是由一份看涨（看跌）期权多头与一份同一期限较高协议价格的看涨（看跌）期权空头组成。该策略的使用动机是，投资者对后市看多，但不愿意承担过多风险。

这一策略因为买入低协议价格看涨期权所支付的期权费支出可以由卖出高协议价格看涨期权所获得的期权费收入部分冲抵，从而减少了投资者的投资成本。由于协议价格越高，期权价格越低，因此构建这个组合需要初始投资。其结果可

第七章　期权基础

金融学科核心课程系列教材

用图 7.9 表示。

　　如图 7.9 所示，两条虚线分别表示两个单个期权头寸的损益状态，实线表示组合的损益状态。从图 7.9 中可以看出，到期日现货价格升高对组合持有者较有利，故称牛市差价组合。

　　设某交易者买入到期日 t，协议价格为 X_1 的股票看涨期权，同时卖出到期日 t，协议价格为 X_2 的同一股票的看涨期权，其中 $X_1 < X_2$。c_1 和 c_2 分别表示协议价格为 X_1 和 X_2 的看涨期权的价格，由于协议价格越高，期权价格越低，所以，$c_1 > c_2$。牛市差价组合在不同情况下的盈亏见表 7.6。

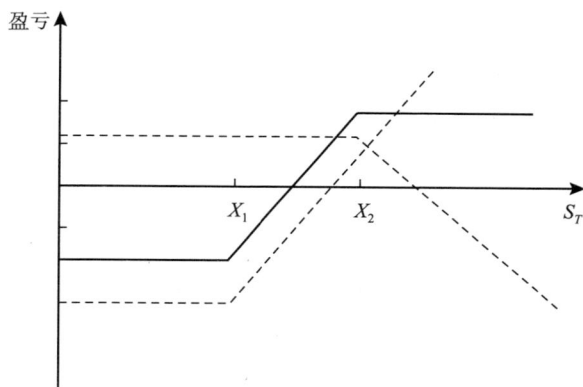

图 7.9　利用看涨期权构造牛市差价组合

表 7.6　　　　　　　　　　　牛市差价期权的损益

股票价格范围	买入看涨期权盈利	卖出看涨期权盈利	总盈亏
$S_t \geqslant X_2$	$S_t - X_1 - c_1$	$X_2 - S_t + c_2$	$X_2 - X_1 + c_2 - c_1$
$X_1 < S_t < X_2$	$S_t - X_1 - c_1$	c_2	$S_t - X_1 + c_2 - c_1$
$S_t \leqslant X_1$	$-c_1$	c_2	$c_2 - c_1$

　　利用看跌期权构造牛市价格价差期权的情况如图 7.10 所示，读者可自行分析。

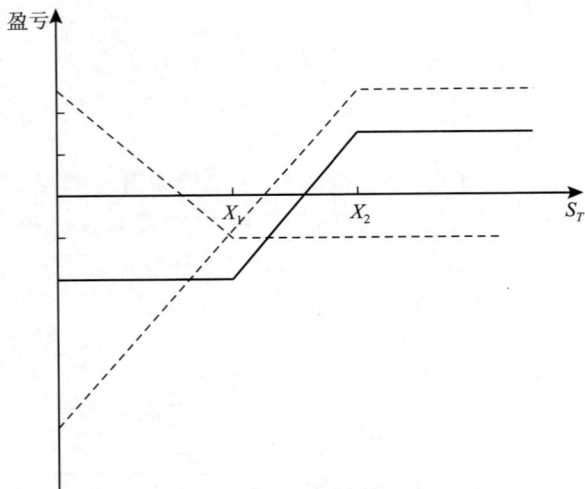

图 7. 10　利用看跌期权构造牛市差价组合

（二）　熊市差价组合

熊市差价（bear spreads）组合刚好跟牛市差价组合相反，它可以由一份看涨期权多头和一份相同期限、协议价格较低的看涨期权空头组成，也可以由一份看跌期权多头和一份相同期限、协议价格较低的看跌期权空头组成。该策略的使用动机是，对后市看空，但不愿意承担过多风险。利用看涨期权构造的熊市差价组合分析见图 7. 11 和表 7.7。

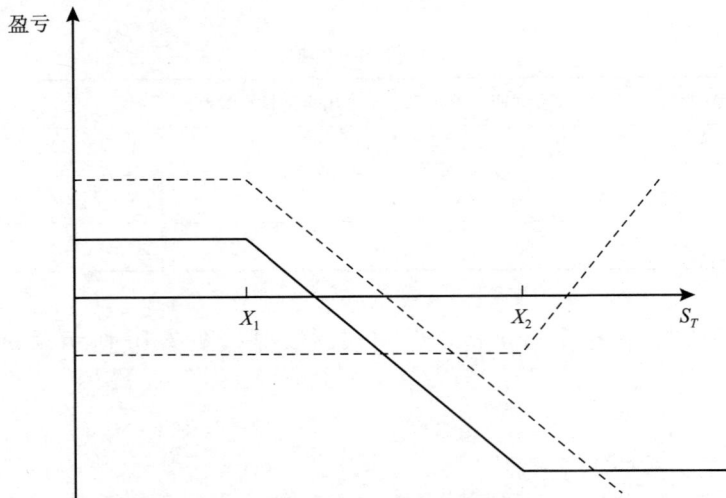

图 7. 11　利用看涨期权构造熊市差价组合

金融学科核心课程系列教材

表 7.7　　　　　　　　　熊市差价期权的损益

股票价格范围	买入看涨期权盈利	卖出看涨期权盈利	总盈亏
$S_t \geqslant X_2$	$S_t - X_2 - c_2$	$X_1 - S_t + c_1$	$X_1 - X_2 + c_2 - c_1$
$X_1 < S_t < X_2$	$-c_2$	$X_1 - S_t + c_1$	$X_1 - S_t + c_2 - c_1$
$S_t \leqslant X_1$	$-c_2$	c_1	$c_2 - c_1$

可以看出，熊市差价期权策略是预期价格下跌时采用，同时限定了最大盈利和最大亏损。由于买入的期权的内在价值通常较卖出的期权为低，所以该策略具有初始权利金收入。

看跌期权的熊市差价组合见图 7.12，看涨期权的熊市差价组合和看跌期权的熊市差价组合的差别在于，前者在期初有正的现金流，后者在期初则有负的现金流，但后者的最终收益可能大于前者。

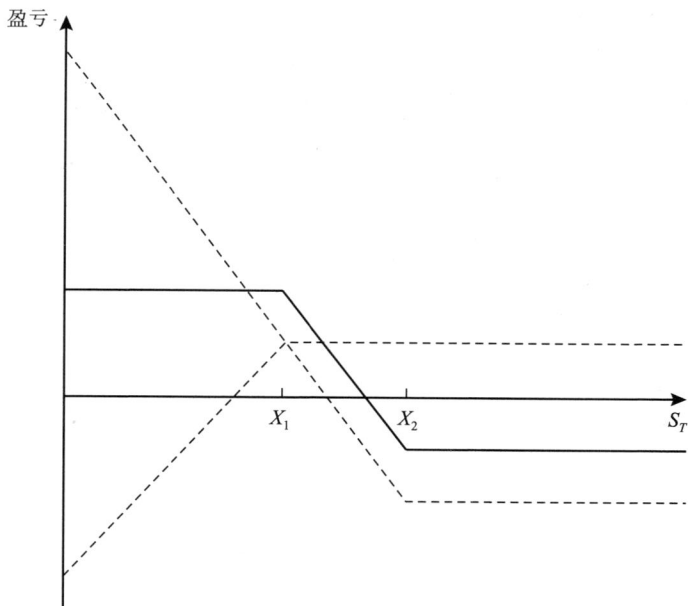

图 7.12　利用看跌期权构造熊市差价组合

通过比较牛市和熊市差价组合可以看出，对于同类期权而言，凡"买低卖高"的即为牛市差价策略，而"买高卖低"的即为熊市差价策略，这里的"低"

和"高"是指协议价格。

（三）蝶式差价组合

蝶式差价（butterfly spreads）组合是由四份具有相同期限、不同协议价格的同种期权头寸组成。若 $X_1 < X_2 < X_3$，且 $X_2 = (X_1 + X_3)/2$，则蝶式差价组合有如下四种：看涨期权的正向蝶式差价组合，它由协议价格分别为 X_1 和 X_3 的看涨期权多头和两份协议价格为 X_2 的看涨期权空头组成，其盈亏分布如图 7.13 所示；看涨期权的反向蝶式差价组合，它由协议价格分别为 X_1 和 X_3 的看涨期权空头和两份协议价格为 X_2 的看涨期权多头组成，其盈亏刚好与图 7.13 相反；看跌期权的正向蝶式差价组合，它由协议价格分别为 X_1 和 X_3 的看跌期权多头和两份协议价格为 X_2 的看跌期权空头组成，其盈亏如图 7.14 所示。看跌期权的反向蝶式差价组合，它由协议价格分别为 X_1 和 X_3 的看跌期权空头和两份协议价格为 X_2 的看跌期权多头组成，其盈亏与图 7.14 刚好相反。

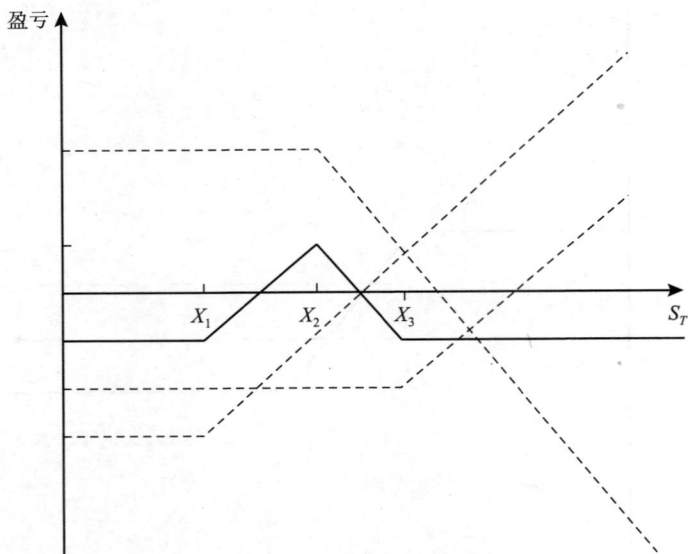

图 7.13　看涨期权的正向蝶式差价组合

金融学科核心课程系列教材

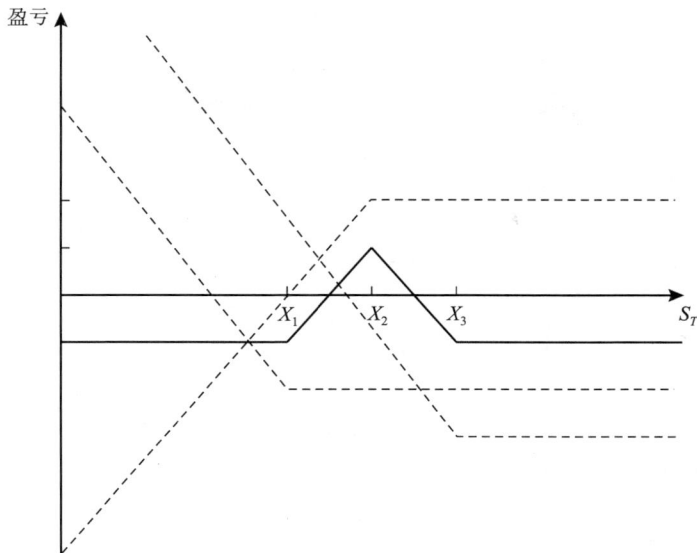

图 7.14　看跌期权的正向蝶式差价组合

三、差期组合策略

差期（calendar spreads）组合是指投资者买卖相同协议价格、相同类型只是到期日不同的期权，以获得利润的期权交易方式。差期组合涉及一个重要的期权概念：时间衰减（time decay）。期权距到期日越远，期权的价值越大。因为期限较长的期权其盈利的可能性要更大些。如果期权的基础资产价格不变，那么随着时间的推移，期权的价值将逐渐减少：期权所具有的时间衰减特征对期权的出售方是有利的，期权出售方当然希望所售出的期权到期时无价值或者至少在价值上已大为减少。它有四种类型：（1）一份看涨期权多头与一份期限较短的看涨期权空头的组合，称看涨期权的正向差期组合。（2）一份看涨期权多头与一份期限较长的看涨期权空头的组合，称看涨期权的反向差期组合。（3）一份看跌期权多头与一份期限较短的看跌期权空头的组合，称看跌期权的正向差期组合。（4）一份看跌期权多头与一份期限较长的看跌期权空头的组合，称看跌期权的反向差期组合。

我们以看涨期权的正向差期组合为例，来分析它的盈亏分布。由于两期权协议价格相同，内在价值也相同，而到期日长的期权时间价值会更大。因此，该组合需要一初始投资，相当于两期权的时间价值之差。通常情况下，短期期权的时间价值衰减会更快，投资者可以从中对冲获利。

　　当短期期权临近到期时，若标的资产市价远低于协议价格，则两期权都只剩时间价值，短期期权价值为 0，而长期期权价值接近于 0，投资者从中的收益微乎其微，只能略微抵销初始权利金投资；当短期期权临近到期时，若标的资产市价远高于协议价格，则两期权包含了很多内在价值，其时间价值的差异会很小，两相抵消，投资者从中的收益也就微乎其微，也只能略微抵消初始投资；当短期期权临近到期时，若标的资产市价与协议价格相近，则短期期权内涵价值与时间价值均很小，长期期权虽然内在价值也很小，但时间价值会很大，这时若对冲两个期权，投资者会获得较大利润。

　　根据上述分析，可以画出看涨期权正向差期组合的盈亏分布图（见图 7.15）。看涨期权反向差期组合的盈亏分布图正好与图 7.15 相反。

　　看涨期权的正向差期组合适用预期标的资产价格波动率较小。交易者预期标的资产价格在期权的协议价格附近小幅波动时，可以采用这样的策略。

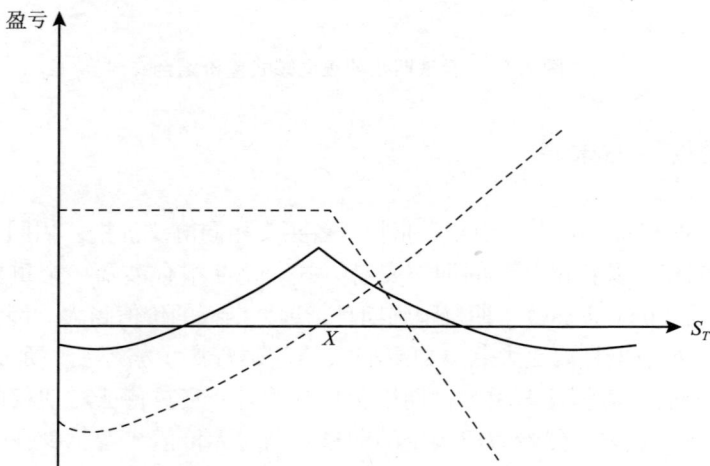

图 7.15　看涨期权的正向差期组合

　　【例 7.2】　某投资者预测 11 月中旬，某股票市价将在 80 美元左右，于是卖出 1 份 11 月到期、协议价格 80 美元的某股票看涨期权，期权费 5 美元；同时买进 1 份 12 月到期、协议价格 80 美元的该月股票看涨期权，期权费 6 美元，构成了看涨期权的正向差期组合，需要初始期权费投资为 1 美元。如果在 11 月中旬，果真如投资者所料，股价为 80 美元，则由于短期期权已到期，价格为 0；而长期期权成为还有 1 个月的平值期权，期权费为 2 美元。将两个期权对冲，可获利 $5 + (2 - 6) = 1$（美元）。

四、对角组合策略

对角组合（diagonal spreads）策略是指由两份协议价格不同、期限也不同的同种期权的不同头寸组成的期权交易方式。它有八种类型，在此就不做过多分析了。仅举一例加以说明其构造。例如，用一个 11 月到期、协议价格为 80 美元的 A 股票看涨期权多头加一个 12 月到期、协议价格为 85 美元的 A 股票看涨期权空头，可以构成看涨期权的牛市正向对角组合。

五、混合策略

混合策略是由看涨期权和看跌期权构成的组合，常见的有跨式组合策略和宽跨式组合策略。

（一）跨式组合

跨式组合（straddle）由具有相同协议价格、相同期限的一份看涨期权和一份看跌期权组成。跨式组合分为两种：底部跨式组合和顶部跨式组合。前者由两份多头组成，后者由两份空头组成。

底部跨式组合的盈亏如图 7.16 所示，顶部跨式组合的盈亏与图 7.16 刚好相反。

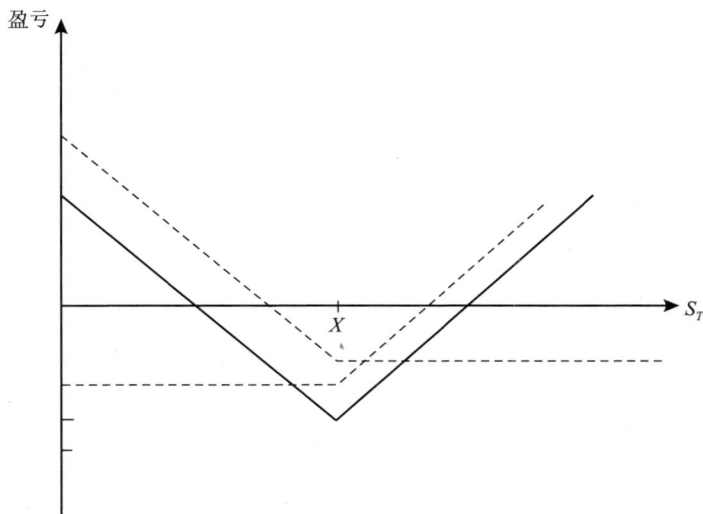

图 7.16 底部跨式组合

底部跨式组合策略的特点是要付出初始投资，即买入两个期权的期权费。若标的物价格波动很小，投资者就会亏损，最大亏损就是期权费；而标的价格大幅度波动时，其盈利潜力很大。

【例7.3】 9月时，某公司股价为80元，该公司三个月后将购并，因此投资者预测该股票价格三个月后将有重大变化。若并购成功，股价将大幅上涨；若失败股价将大幅下降。投资者决定利用该机会，于是同时买入12月到期、协议价格为80元的看涨、看跌期权各一份，期权费分别为5元和2元，初始投资为7元。若届时 $S_t \leqslant 80$，组合部分收益为 $80 - S_t$；若 $S_t > 80$，组合部分收益为 $S_t - 80$。考虑到回收期权费投资问题，当 $S_t > 87$ 或 $S_t < 73$ 时，投资者就可获利。

（二）宽跨式组合

宽跨式组合（strangle）由相同到期日但协议价格不同的一份看涨期权和一份看跌期权组成，其中看涨期权的协议价格高于看跌期权。宽跨式组合也分底部和顶部，前者由多头组成，后者由空头组成。前者的盈亏如图7.17所示。后者的盈亏图与图7.17刚好相反。

如图7.17所示，设看跌、看涨期权协议价格分别为 X_1，X_2，其中 $X_1 < X_2$，当 $S_t \leqslant X_1$ 时，看跌期权会被履约，而看涨期权会被弃权，组合部分收益为 $X_1 - S_t$；当 $X_1 < S_t < X_2$ 时，两个期权都会被弃权，收益为0；当 $S_t \geqslant X_2$ 时，只有看涨期权被履约，收益为 $S_t - X_2$。

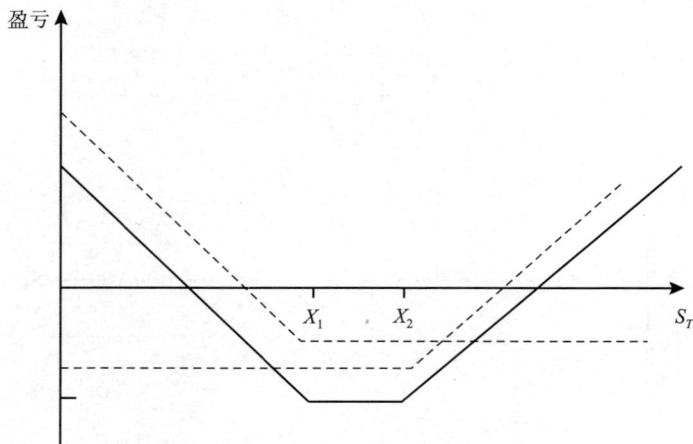

图7.17　底部宽跨式组合

由此可知，该宽跨式期权策略与跨式期权策略类似，是预测价格会大幅度波动，但不知波动方向进而采用的一种策略。该策略最大亏损是买入两个期权的期权费，而盈利潜力很大。

【例7.4】　假设某公司的股票现价为40美元，如果某投资者认为在近期内该公司的股票将会有较大幅度的涨跌，但是市场走势方向不明。他买入1份12月到期、协议价格为45美元的看涨期权，期权费为0.10美元，同时买入1份12月到期、协议价格为40美元的看跌期权，期权费为0.85美元。当股价大于45美元时，只有看涨期权被履约，假设股价为50美元，则其盈利为50－45－0.10－0.85＝4.05（美元）。根据题意可知，考虑到期权费的因素，无论是股价高于45.95美元，还是低于39.05美元，该投资者都能获利。只有股价变化不大时，他才是亏损的，最大亏损为：0.10＋0.85＝0.95（美元）。

第四节　期权组合盈亏图的算法

通过符号，我们可以形象化地表示期权和期权组合的盈亏状态。首先定义符号规则：

如果期权交易的结果在盈亏图上出现负斜率，就用（－1）表示，如果出现的结果是正斜率，就用（＋1）表示；如果出现的结果是水平状，就用（0）表示。每个折点都用逗号隔开，各种基本头寸的盈亏状态可以分别表示成：

1. 看涨多头：（0，＋1）
2. 看涨空头：（0，－1）
3. 看跌多头：（－1，0）
4. 看跌空头：（＋1，0）
5. 标的资产多头：（＋1，＋1）
6. 标的资产空头：（－1，－1）

这六个基本的头寸就好像"建筑材料"，只要将它们进行不同的组合，就可以创造出各种各样的盈亏状态，从而满足不同的金融需求。比如：

如图7.18所示，因为（0，＋1）＋（＋1，0）＝（＋1，＋1），所以有

看涨多头＋看跌空头＝标的资产多头

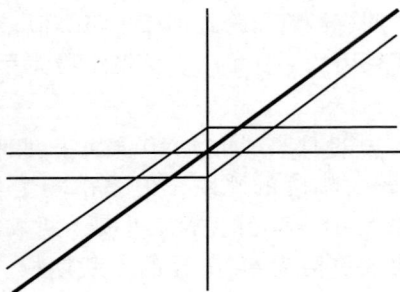

图 7.18　标的资产多头的组合分解

如图 7.19 所示，因为（-1，-1）+（+1，0）=（0，-1），所以有

标的资产空头 + 看跌空头 = 看涨空头

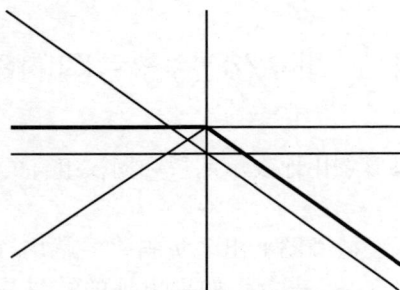

图 7.19　看涨空头的组合分解

关 键 词 汇

欧式期权	美式期权	百慕大期权	看涨期权	看跌期权
股票期权	利率期权	外汇期权	股票指数期权	期货期权
互换期权	实值期权	平值期权	虚值期权	内在价值
时间价值	差价组合	差期组合	对角组合	跨式组合
宽跨式组合				

思 考 题

1. 为什么美式期权价格至少不低于同等条件下的欧式期权价格？
2. 影响期权价格的因素有哪些？

3. 为什么交易所向期权卖方收取保证金而不向买方收取保证金?

4. 期权与期货有何区别?

5. 设某一无红利支付股票的现货价格为 15 元,连续复利无风险年利率为 6%,求该股票协议价格为 13 元,有效期 3 个月的看涨期权价格的下限。

6. 某一协议价格为 25 元,有效期 6 个月的欧式看涨期权价格为 2 元,标的股票价格为 24 元,该股票预计在 2 个月和 5 个月后各支付 0.50 元股息,所有期限的无风险连续复利年利率均为 8%,请问该股票协议价格为 25 元,有效期 6 个月的欧式看跌期权价格等于多少?

7. 标的股票价格为 20 元,执行价格为 18 元,无风险年利率为 10%,3 个月期的欧式看涨期权价格为 3 元,欧式看跌期权价格为 1 元,如何套利?

8. 投资者什么情形下会使用牛市差价组合策略?

9. 设某投资者以 50 美元的执行价格卖出一份看涨期权,同时以 60 美元的执行价格买入一份看涨期权。此两项期权基于同一股票 A,且有相同的到期日。买入看涨期权的价格为 3 美元,卖出看涨期权的价格为 9 美元。此为一熊市差价期权策略。

(1) 画出此项策略的价值图和利润图;

(2) 标的资产股票 A 的股价为多少时,此项策略的利润为零?

练 习 题

一、单项选择题

1. 对于期权的买者来说,期权合约赋予他的 (   )。
   A. 只有权利和义务   B. 只有义务
   C. 只有权利而没有义务   D. 只有义务而没有权利

2. 期权价格即为 (   )。
   A. 内在价值   B. 执行价格
   C. 时间价值   D. 内在价值加上时间价值

3. 下面因素中将直接影响股票期权价格的是 (   )。
   A. 股票互换利率   B. 股票价格的波动率
   C. 股票分割   D. 股票配股

4. 当期权处于 (   ) 状态时,其时间价值最大。
   A. 实值期权   B. 虚值期权   C. 平值期权   D. 深实值期权

5. 期权的时间价值随着期权到期日的临近而 (   )。

A. 增加　　　B. 不变　　　C. 随机波动　　　D. 递减

6. 在期权交易中，保证金缴纳应当（　　）。

　　A. 买方缴纳　　　　　　　B. 卖方缴纳

　　C. 买卖双方均需要缴纳　　D. 买卖双方均无需缴纳

7. 买入看涨期权的风险和收益关系是（　　）。

　　A. 损失有限，收益无限　　B. 损失有限，受益有限

　　C. 损失无限，收益无限　　D. 损失无限，收益有限

8. 买入看跌期权的风险和收益关系是（　　）。

　　A. 损失有限，收益无限　　B. 损失有限，收益有限

　　C. 损失无限，收益无限　　D. 损失无限，收益有限

9. 卖出看涨期权的风险和收益关系是（　　）。

　　A. 损失有限，收益无限　　B. 损失有限，收益有限

　　C. 损失无限，收益无限　　D. 损失无限，收益有限

10. 卖出看跌期权的风险和收益关系是（　　）。

　　A. 损失有限，收益无限　　B. 损失有限，收益有限

　　C. 损失无限，收益无限　　D. 损失无限，收益有限

11. 买入跨式期权组合和卖出跨式期权组合的最大区别在于（　　）。

　　A. 敲定价格　　B. 到期日　　C. 买卖方向　　D. 标的物

12. 生产制造商、仓储商和加工商为了回避已购进原材料价格下跌的风险，常用的保值手段，除了卖出期货合约以外，还可以使用买进看跌期权或（　　）。

　　A. 卖出看跌期权　　　　　B. 买进看涨期权

　　C. 卖出看涨期权　　　　　D. 购买期货

13. 甲投资者在 1 月 28 日，12.5 美分的价格购买 10 手协议价格 800 美分的 3 月大豆看跌期权，进入 2 月中下旬之后，该期权合约即将到期，甲预计在期权最后交易日之前，期货价格只会在 874 美分左右波动，而此时该期权报价为 8 美分。假定所有手续费为 1 美分每手，那么甲应该（　　）。

　　A. 提前申请执行该期权　　B. 卖出该期权合约平仓

　　C. 等待持有到期　　　　　D. 再以市价买进该协议价格的期权合约

14. 第一家推出期权交易的交易所是（　　）。

　　A. CBOT　　　B. CME　　　C. CBOE　　　D. LME

15. 下列关于看涨期权的说法中，不正确的是（　　）。

　　A. 看涨期权是一种买权

　　B. 只有看涨期权到期后，持有人才有选择执行与否的权力

    C. 期权如果过期未被执行，则不再具有价值

    D. 多头看涨期权到期日价值 = max（股票市价 – 执行价格，0）

16. 上证50ETF期权是2015年2月9日在（　　）上市。

    A. 中国金融期货交易所　　　　B. 上海期货交易所

    C. 上海证券交易所　　　　　　D. 大连商品交易所

17. 标的物现价为179.50、权利金为1.35、执行价格为177.50的看跌期权的时间价值为（　　）。

    A. –2　　　　B. –0.25　　　　C. 1.35　　　　D. 1.1

18. 7月1日，某投资者以100点的权利金买入一张9月份到期，执行价格为10 200点的恒生指数看跌期权，同时，他又以120点的权利金卖出一张9月份到期，执行价格为10 000点的恒生指数看跌期权。那么该投资者的最大可能盈利（不考虑其他费用）是（　　）。

    A. 200点　　　B. 180点　　　　C. 220点　　　　D. 20点

二、多项选择题

1. 下列因素中，与股票欧式看涨期权价格呈负相关的是（　　）。

    A. 标的股票市场价格　　　　B. 期权执行价格

    C. 标的股票价格波动率　　　D. 期权有效期内标的股票发放的红利

2. 以下关于实值期权和虚值期权的说法中，不正确的是（　　）。

    A. 当标的资产价格高于期权执行价格时，我们将其称为实值期权

    B. 当标的资产价格低于期权执行价格时，我们将其称为虚值期权

    C. 当标的资产价格低于期权执行价格时，我们将其称为实值期权

    D. 当标的资产价格高于期权执行价格时，我们将其称为虚值期权

3. 下列关于有收益资产的美式看跌期权的说法中，不正确的是（　　）。

    A. 对于有收益资产的美式看涨期权，提前执行期权意味着放弃收益权，因此不应提前执行

    B. 对于有收益资产的美式看跌期权，当标的资产收益很小时，可以提前执行期权

    C. 对于有收益资产的美式看跌期权，提前执行期权可以获得利息收入，应该提前执行

    D. 对于有收益资产的美式看跌期权，提前执行期权可能是合理的

4. 以下的哪些参数与股票欧式看涨期权的价格总是正相关？（　　）

    A. 股票价格　B. 执行价格　　C. 到期时间　　D. 波动率

5. 按照执行价格与标的物的价格关系，可以将期权划分为（　　）。

A. 看涨期权　　B. 实值期权　　C. 平值期权　　D. 虚值期权

6. 下面关于期货期权与期货的关系的描述中，正确的是（　　）。

A. 期货可以买空卖空，而期权则不可以

B. 期货买卖双方的权利是对称的，但期权的买卖双方的权利则不是对称的

C. 商品期货合约的交割标的是实物，但是期权交割的标的是期货合约

D. 期货和期权的买卖双方都需要缴纳保证金

7. 投资者在 3 月 20 日以 320 点的期权费，购买一张协议价格为 13 900 点的恒生指数看涨期权，同时他又以 150 点的期权费，购买同样协议价格的恒生指数看跌期权。那么该套利组合的盈亏平衡点是（　　）。

A. 13 430　　　B. 13 340　　　C. 14 730　　　D. 14 370

8. 期权的类型按交割时间划分，有（　　）。

A. 看涨期权　　B. 看跌期权　　C. 美式期权　　D. 欧式期权

9. 期权交易的基本策略包括（　　）。

A. 买进看涨期权　　　　　　B. 卖出看涨期权

C. 买进看跌期权　　　　　　D. 卖出看跌期权

10. 下列关于期权交易基本策略的说法，不正确的有（　　）。

A. 买进看涨期权所面临的最大可能亏损是权利金，可能获得的盈利是无限的

B. 买进看跌期权的盈亏平衡点的标的物价格等于执行价格加权利金

C. 卖出看涨期权所获得的最大可能收益是权利金，可能面临的亏损是无限的

D. 卖出看跌期权所获得的最大可能收益是权利金，可能面临的亏损是无限的

第八章 期权定价理论

对于期权的定价，可以分为两种不同却相关的方法，一种是利用随机微积分来推导偏微分方程式，以解得期权的价格；另一种是以合成概率系统，将期权的价格表达成某种统计上的期望值。本章介绍了布莱克—舒尔斯期权定价模型和二叉树期权定价模型这两种定价方法。

第一节 期权定价的理论基础

为了精确地推导出期权价格，我们引入随机过程，它是了解期权及更复杂衍生证券定价的基础。

一、马尔科夫随机过程

随机过程（stochastic process）是指：如果某变量以某种不确定的方式随时间而变化，则称该变量遵循某种随机过程。数学上用来描述各种运动的随机过程有很多，马尔科夫过程（Markov process）是一种特殊类型的随机过程。当一个随机过程变量的未来预测值只与该变量的当前值有关，而与该变量过去的历史和变量从过去到现在的演变方式不相关时，我们称该随机过程为马尔科夫过程。

人们通常假设股票价格遵循马尔科夫过程，假设百度公司股票的现在价格是100 美元，则股票一周以前、一个月以前的价格对于预测股票将来价格是无用的。唯一相关的信息是股票当前的价格 100 美元。股票价格的马尔科夫性质说明股票在将来任何时间的价格概率分布不依赖于价格在过去的特殊轨道，其未来价格的概率分布只取决于现在的值。股票价格的马尔科夫性质与弱式效率市场假说相一致，弱式效率市场假说认为，股票价格变动的历史不包含任何对预测股票价格未来变动有用的信息，不能通过技术分析获得超过平均收益率的收益。也就是说，股票的现价充分反映了历史上一系列交易价格和交易量中所隐含的信息。

二、布朗运动

股票价格的随机行为与布朗运动类似。布朗运动起源于物理学中对完全浸没于液体中的小粒子运动的描述，以发现这种现象的英国植物学家罗伯特·布朗（Robert Brown）命名。布朗运动的起因是由于液体的所有分子都处在运动中，且相互碰撞，从而粒子周围有大量分子以微小但起伏不定的力共同作用于它，使它被迫做不规则运动。1923 年，美国数学家维纳（Norbert Wiener）从数学上严格地定义了一个随机过程来描述布朗运动。因此，布朗运动也称为维纳过程（Wiener process）。维纳过程是马尔科夫过程的一种特殊形式。

（一）标准布朗运动

设 Δt 代表一个小的时间间隔长度，Δz 代表变量 z 在 Δt 时间内的变化，遵循标准布朗运动的 Δz 具有两种特征：

特征 1：Δz 和 Δt 的关系满足：

$$\Delta z = \varepsilon \sqrt{\Delta t} \qquad\qquad 8.1$$

其中，ε 代表从标准正态分布（即均值为 0、标准差为 1.0 的正态分布）中取的一个随机值。

特征 2：对于任何两个不同时间间隔 Δt，Δz 的值相互独立。

从特征 1 可知，Δz 本身也具有正态分布特征，其均值为 0，标准差为 $\sqrt{\Delta t}$，方差为 Δt。

从特征 2 可知，标准布朗运动符合马尔科夫过程，因此是马尔科夫过程的一种特殊形式。

现在我们来考察遵循标准布朗运动的变量 z 在一段较长时间 T 中的变化情形。我们用 $z(T) - z(0)$ 表示变量 z 在 T 中的变化量，它可被看做在 N 个长度为 Δt 的小时间间隔中 z 的变化总量，其中 $N = T/\Delta t$，因此，

$$z(T) - z(0) = \sum_{i=1}^{N} \varepsilon_i \sqrt{\Delta t} \qquad\qquad 8.2$$

其中 $\varepsilon_i (i = 1, 2, \cdots, N)$ 是标准正态分布的随机抽样值。从特征 2 可知，ε_i 是相互独立的，因此 $z(T) - z(0)$ 也具有正态分布特征，其均值为 0，方差为 $N\Delta t = T$，标准差为 $\sqrt{T}$。

由此我们可以发现两个特征：（1）在任意长度的时间间隔 T 中，遵循标准

金融学科核心课程系列教材

布朗运动的变量的变化值具有均值为 0, 标准差为 $\sqrt{T}$ 的正态分布。(2) 对于相互独立的正态分布,方差具有可加性,而标准差不具有可加性。

当 $\Delta t \rightarrow 0$ 时,我们就可以得到极限的标准布朗运动:

$$dz = \varepsilon \sqrt{dt} \qquad\qquad 8.3$$

(二) 普通布朗运动

为了得到普通的布朗运动,我们必须引入两个概念:漂移率和方差率。漂移率 (drift rate) 是指单位时间内变量 z 均值的变化值。方差率 (variance rate) 是指单位时间的方差。

标准布朗运动的漂移率为 0, 方差率为 1.0。漂移率为 0 意味着在未来任意时刻 z 的均值都等于它的当前值。方差率为 1.0 意味着在一段长度为 T 的时间段后, z 的方差为 $1.0 \times T$。我们令漂移率的期望值为 a, 方差率的期望值为 b^2, 就可得到变量 x 的普通布朗运动:

$$dx = a dt + b dz \qquad\qquad 8.4$$

其中, a 和 b 均为常数, dz 遵循标准布朗运动。

从式 8.1 和 8.4 可知,在短时间后, x 值的变化值 Δx 为:

$$\Delta x = a\Delta t + b\varepsilon \sqrt{\Delta t}$$

因此, Δx 也具有正态分布特征,其均值为 $a\Delta t$, 标准差为 $b\sqrt{\Delta t}$, 方差为 $b^2 \Delta t$。同样,在任意时间长度 T 后 x 值的变化也具有正态分布特征,其均值为 aT, 标准差为 $b\sqrt{T}$, 方差为 $b^2 T$。

三、伊藤过程和伊藤引理

普通布朗运动假定漂移率和方差率为常数,若把变量 x 的漂移率和方差率当作变量 x 和时间 t 的函数,我们可以从式 8.4 得到伊藤过程 (Ito process):

$$dx = a(x, t) dt + b(x, t) dz \qquad\qquad 8.5$$

其中, dz 是一个标准布朗运动, a、b 是变量 x 和 t 的函数,变量 x 的漂移率为 a, 方差率为 b^2。

在伊藤过程的基础上,伊藤进一步推导出:若变量 x 遵循伊藤过程,则变量 x 和 t 的函数 G 将遵循如下过程:

$$dG = \left(\frac{\partial G}{\partial x} a + \frac{\partial G}{\partial t} + \frac{1}{2} \frac{\partial^2 G}{\partial x^2} b^2 \right) dt + \frac{\partial G}{\partial x} b dz \qquad\qquad 8.6$$

其中，dz 是一个标准布朗运动。由于 $\dfrac{\partial G}{\partial x}a + \dfrac{\partial G}{\partial t} + \dfrac{1}{2}\dfrac{\partial^2 G}{\partial x^2}b^2$ 和 $\dfrac{\partial G}{\partial x}b$ 都是 x 和 t 的函数，因此函数 G 也遵循伊藤过程，它的漂移率为：$\dfrac{\partial G}{\partial x}a + \dfrac{\partial G}{\partial t} + \dfrac{1}{2}\dfrac{\partial^2 G}{\partial x^2}b^2$，方差率为 $\left(\dfrac{\partial G}{\partial x}\right)^2 b^2$。

公式 8.6 就是著名的伊藤引理。

四、股票价格的变化过程

股票价格的变化过程可以用普通布朗运动来描述。但由于投资者关心的是股票价格的变动幅度而不是变动的绝对值，因此我们可以用股票价格比例的方式来定义股票价格的布朗运动：

$$\frac{\mathrm{d}S}{S} = \mu\mathrm{d}t + \sigma\mathrm{d}z \qquad\qquad 8.7$$

其中，S 表示股票价格，μ 表示股票在单位时间内以连续复利计算的期望收益率（又称预期收益率），σ^2 表示股票收益率单位时间的方差，σ 表示股票收益率单位时间的标准差，简称股票价格的波动率（volatility），dz 遵循标准布朗运动。式 8.7 所描述的随机过程也称为几何布朗运动。

从式 8.1 和式 8.7 可知，在短时间 Δt 后，股票价格比率的变化值 $\dfrac{\Delta S}{S}$ 为：

$$\frac{\Delta S}{S} = \mu\Delta t + \sigma\varepsilon\sqrt{\Delta t}$$

可见，$\dfrac{\Delta S}{S}$ 也具有正态分布特征，其均值为 $\mu\Delta t$，标准差为 $\sigma\sqrt{\Delta t}$，方差为 $\sigma^2\Delta t$。

【例 8.1】 设一种不付红利股票价格遵循几何布朗运动，其波动率为每年 30%，预期收益率以连续复利计为每年 20%，其目前的市价为 100 元，求一周后该股票价格变化值的概率分布。

在本例中，$\mu = 0.20$，$\sigma = 0.30$，其股价过程为：

$$\frac{\mathrm{d}S}{S} = 0.20\mathrm{d}t + 0.30\mathrm{d}z$$

在随后短时间时隔后的股价变化为：

$$\frac{\Delta S}{S} = 0.20\Delta t + 0.30\varepsilon\sqrt{\Delta t}$$

金融学科核心课程系列教材

由于 1 周等于 0.0192 年，因此

$$\Delta S = 100(0.00384 + 0.0416\varepsilon)$$
$$= 0.384 + 4.160\varepsilon$$

上式表示一周后股票价格的变化值服从均值为 0.384 元，标准差为 4.160 元的正态分布。

五、对数正态分布

从式 8.7 中，我们可得：

$$dS = \mu S dt + \sigma S dz \qquad 8.8$$

其中，μ 和 σ 为常数。我们知道，衍生证券的价格是标的股票价格 S 和时间 t 的函数。根据伊藤引理，衍生证券的价格 G 应遵循如下过程：

$$dG = \left(\frac{\partial G}{\partial S} \mu S + \frac{\partial G}{\partial t} + \frac{1}{2} \frac{\partial^2 G}{\partial S^2} \sigma^2 S^2 \right) dt + \frac{\partial G}{\partial S} \sigma S dz \qquad 8.9$$

我们可用伊藤引理来推导股票价格自然对数 $\ln S$ 变化所遵循的随机过程。

令 $G = \ln S$，由于

$$\frac{\partial G}{\partial S} = \frac{1}{S}, \quad \frac{\partial^2 G}{\partial S^2} = -\frac{1}{S^2}, \quad \frac{\partial G}{\partial t} = 0$$

代入式 8.9，我们就可得出股票价格对数 G 所遵循的随机过程为：

$$dG = \left(\mu - \frac{\sigma^2}{2} \right) dt + \sigma dz$$

由于 μ 和 σ 是常数，所以上式说明股票价格对数 G 也遵循普通布朗运动，它具有恒定的漂移率 $\mu - \frac{\sigma^2}{2}$ 和恒定的方差率 σ^2。由前面的分析可知，在当前时刻 t 和将来某一时刻 T 之间 G 的变化都是正态分布的，其均值为 $\left(\mu - \frac{\sigma^2}{2} \right)(T-t)$，方差为 $\sigma^2(T-t)$。

令 t 时刻 G 的值为 $\ln S$，T 时刻 G 的值为 $\ln S_T$，其中 S 表示 t 时刻（当前时刻）的股票价格，S_T 表示 T 时刻（将来时刻）的股票价格，则在 $T-t$ 期间 G 的变化为：$\ln S_T - \ln S$，服从正态分布 $N\left[\left(\mu - \frac{\sigma^2}{2} \right)(T-t), \sigma^2(T-t) \right]$。

根据正态分布的特性，可以得到：

$$\ln S_T \sim N\left[\ln S + \left(\mu - \frac{\sigma^2}{2} \right)(T-t), \sigma^2(T-t) \right]$$

这表明 S_T 服从对数正态分布。$\ln S_T$ 的标准差与 $\sqrt{(T-t)}$ 成比例，这说明股票价格对数的不确定性（用标准差表示）与我们考虑的未来时间的长度的平方根成正比。

第二节 布莱克—舒尔斯期权定价模型

1973 年，费雪·布莱克（Fischer Black）和迈伦·舒尔斯（Myron Scholes）在美国《政治经济学》杂志上发表了一篇开创性论文《期权和公司债务的定价》，并给出了欧式股票看涨期权的定价公式，即今天所称的布莱克—舒尔斯（Black-Scholes）期权定价模型。同年，罗伯特·默顿（Rober Merton）在其《合理期权定价理论》一文中提出了支付红利股票的期权定价公式，进一步完善了布莱克—舒尔斯期权定价模型。布莱克、舒尔斯、默顿三人完成了现代期权理论的奠基工作。该模型被称为"不仅在金融领域，而且在整个经济学中最成功的理论"。因此，1997 年的诺贝尔经济学奖被授予罗伯特·默顿和迈伦·舒尔斯，以表彰他们和已去世的费雪·布莱克在期权定价理论中所做的贡献。

现在，我们就可以根据前面随机过程的有关知识推导著名的布莱克—舒尔斯微分方程及期权定价公式。

一、布莱克—舒尔斯微分方程

由于衍生证券价格和标的证券价格都受同一种基本的不确定性（dz）影响，若匹配适当的话，这种不确定性就可以相互抵消。因此布莱克和舒尔斯就建立了一个包括一单位衍生证券空头和若干单位标的证券多头的投资组合。若数量适当的话，标的证券多头盈利（或亏损）总是会与衍生证券空头的亏损（或盈利）相抵销，因此在短时间内该投资组合是无风险的。那么，在无套利机会的情况下，该投资组合在短期内的收益率一定等于无风险利率。

推导布莱克—舒尔斯微分方程需要用到如下假设：

（1）股票价格遵循几何布朗过程，即 μ 和 σ 为常数；

（2）允许卖空股票；

（3）没有交易费用和税收，所有股票都是完全可分的；

（4）在衍生证券有效期内股票没有现金收益支付；

（5）不存在无风险套利机会；

（6）股票交易是连续的，价格变动也是连续的；

（7）在衍生证券有效期内，无风险利率 r 为常数。

（一）布莱克——舒尔斯微分方程的推导

由于我们假设股票价格 S 遵循几何布朗运动，因此有：

$$dS = \mu S dt + \sigma S dz$$

其在一个小的时间间隔 Δt 中，S 的变化值 ΔS 为：

$$\Delta S = \mu S \Delta t + \sigma S \Delta z \qquad\qquad 8.10$$

假设 f 是依赖于 S 的衍生证券的价格，则 f 一定是 S 和 t 的函数，从式 8.9 可得：

$$df = \left(\frac{\partial f}{\partial S} \mu S + \frac{\partial f}{\partial t} + \frac{1}{2} \frac{\partial^2 f}{\partial S^2} \sigma^2 S^2 \right) dt + \frac{\partial f}{\partial S} \sigma S dz$$

在一个小的时间间隔 Δt 中，f 的变化值 Δf 为：

$$\Delta f = \left(\frac{\partial f}{\partial S} \mu S + \frac{\partial f}{\partial t} + \frac{1}{2} \frac{\partial^2 f}{\partial S^2} \sigma^2 S^2 \right) \Delta t + \frac{\partial f}{\partial S} \sigma S \Delta z \qquad 8.11$$

由于 dz 都是代表标准布朗运动，因此式 8.10 和式 8.11 中的 Δz 相同，都等于 $\varepsilon \sqrt{\Delta t}$。因此只要选择适当的衍生证券和股票的组合就可以消除不确定性。为了消除 Δz，我们可以构建一个包括一单位衍生证券空头和 $\frac{\partial f}{\partial S}$ 单位股票多头的组合。令 $\prod$ 代表该投资组合的价值，则：

$$\prod = -f + \frac{\partial f}{\partial S} S \qquad\qquad 8.12$$

在 Δt 时间后，该投资组合的价值变化 $\Delta \prod$ 为：

$$\Delta \prod = -\Delta f + \frac{\partial f}{\partial S} \Delta S \qquad\qquad 8.13$$

将式 8.11 和式 8.12 代入式 8.13，可得：

$$\Delta \prod = \left(-\frac{\partial f}{\partial t} - \frac{1}{2} \frac{\partial^2 f}{\partial S^2} \sigma^2 S^2 \right) \Delta t \qquad\qquad 8.14$$

由于式 8.14 中不含有 Δz，该组合的价值在一个小时间间隔 Δt 后必定没有风险，因此该组合在 Δt 中的瞬时收益率一定等于 Δt 中的无风险收益率。否则的话，套利者就可以通过套利获得无风险收益率。因此，在没有套利机会的条件下：

$$\Delta \prod = r \prod \Delta t$$

把式 8.12 和式 8.14 代入上式得：

$$\left(\frac{\partial f}{\partial t} + \frac{1}{2}\frac{\partial^2 f}{\partial S^2}\sigma^2 S^2\right)\Delta t = r\left(f - \frac{\partial f}{\partial S}S\right)\Delta t$$

化简为：

$$\frac{\partial f}{\partial t} + rS\frac{\partial f}{\partial S} + \frac{1}{2}\sigma^2 S^2\frac{\partial^2 f}{\partial S^2} = rf \qquad\qquad 8.15$$

这就是著名的布莱克—舒尔斯微分方程，它适用于其价格取决于标的证券价格 S 的所有衍生证券的定价。

应该注意的是，当 S 和 t 变化时，$\frac{\partial f}{\partial S}$ 的值也会变化，因此上述投资组合的价值并不是永远无风险的，它只是在一个很短的时间间隔 Δt 中才是无风险的。在一个较长时间中，要保持该投资组合无风险，必须根据 $\frac{\partial f}{\partial S}$ 的变化而相应调整标的证券的数量。当然，推导布莱克—舒尔斯微分方程并不要求调整标的证券的数量，因为它只关心 Δt 中的变化。

（二）风险中性定价原理

从式 8.15 可以看出，衍生证券的价值决定公式中出现的变量为标的证券当前市价（S）、时间（t）、证券价格的波动率（σ）和无风险利率，它们全都是客观变量，独立于主观变量——风险收益偏好。而受制于主观的风险收益偏好的标的证券预期收益率 μ 并未包括在衍生证券的价值决定公式中。这意味着，无论风险收益偏好状态如何，都不会对 f 的值产生影响。于是，我们就可以利用布莱克—舒尔斯微分方程所揭示的这一特性，作出一个可以大大简化我们工作的简单假设：

在对衍生证券定价时，所有投资者都是风险中性的。这就是风险中性定价原理。

在所有投资者都是风险中性的条件下，所有证券的预期收益率都可以等于无风险利率 r，这是因为风险中性的投资者并不需要额外的收益来吸引他们承担风险。同样，在风险中性条件下，所有现金流量都可以通过无风险利率进行贴现求得现值。

应该注意的是，风险中性假定仅仅是为了求解布莱克—舒尔斯微分方程而作出的人为假定，通过这种假定所获得的结论不仅适用于投资者风险中性情况，也适用于投资者厌恶风险的所有情况。

为了更好地理解风险中性定价原理，我们可以举一个简单的例子来说明。

　　假设一种不支付红利股票目前的市价为 20 元，我们知道在 3 个月后，该股票价格要么是 21 元，要么是 19 元。现在我们要找出一份 3 个月期协议价格为 20.5 元的该股票欧式看涨期权的价值。

　　由于欧式期权不会提前执行，其价值取决于 3 个月后股票的市价。若 3 个月后该股票价格等于 21 元，则该期权价值为 0.5 元；若 3 个月后该股票价格等于 19 元，则该期权价值为 0。

　　为了找出该期权的价值，我们可构建一个由一单位看涨期权空头和 Δ 单位的标的股票多头组成的组合。若 3 个月后该股票价格等于 21 元时，该组合价值等于（$21\Delta - 0.5$）元；若 3 个月后该股票价格等于 19 元时，该组合价值等于 19Δ 元。为了使该组合价值处于无风险状态，我们应选择适当的 Δ 值，使 3 个月后该组合的价值不变，这意味着：

$$21\Delta - 0.5 = 19\Delta$$
$$\Delta = 0.25$$

　　因此，一个无风险组合应包括一份看涨期权空头和 0.25 股标的股票。无论 3 个月后股票价格等于 21 元还是 19 元，该组合价值都将等于 4.75 元。

　　在没有套利机会情况下，无风险组合只能获得无风险利率。假设现在的无风险年利率等于 10%，则该组合的现值应为：

$$4.75e^{-0.1 \times 0.25} = 4.63 \text{ 元}$$

　　由于该组合中有一单位看涨期权空头和 0.25 单位股票多头，而目前股票市场价格为 20 元，因此：

$$20 \times 0.25 - f = 4.63$$
$$f = 0.37 \text{ 元}$$

　　这就是说，该看涨期权的价值应为 0.37 元，否则就会存在无风险套利机会。

　　从上例可以看出，在确定期权价值时，我们并不需要知道股票价格上涨到 21 元的概率和下降到 19 元的概率。由于不同的概率决定了股票具有不同的风险度，从而也决定了厌恶风险的投资者对该股票要求有不同的预期收益率。然而，无论该股票上升或下降的概率如何，也无论投资者厌恶风险程度如何，该期权的价值都等于 0.37 元。

二、布莱克—舒尔斯期权定价公式

　　1973 年，布莱克和舒尔斯成功地求解了他们的微分方程，从而获得了股票欧式看涨期权和看跌期权的精确公式。

在风险中性的条件下，欧式看涨期权到期时（T 时刻）的期望值为：

$$\hat{E}[\max(S_T - X, \ 0)]$$

其中，$\hat{E}$ 表示风险中性条件下的期望值。根据风险中性定价原理，欧式看涨期权的价格 c 等于将此期望值按无风险利率进行贴现后的现值，即：

$$c = e^{-r(T-t)}\hat{E}[\max(S_T - X, \ 0)] \tag{8.16}$$

在风险中性条件下，我们可以用 r 取代前面所表示的 $\ln S_T$ 概率分布中的 μ，即：

$$\ln S_T \sim N\left[\ln S + \left(r - \frac{\sigma^2}{2}\right)(T-t), \ \sigma^2(T-t)\right] \tag{8.17}$$

对式 8.16 右边求值是一种积分过程，结果为：

$$c = SN(d_1) - Xe^{-r(T-t)}N(d_2) \tag{8.18}$$

其中：

$$d_1 = \frac{\ln\left(\dfrac{S}{X}\right) + \left(r + \dfrac{\sigma^2}{2}\right)(T-t)}{\sigma\sqrt{T-t}}$$

$$d_2 = \frac{\ln\left(\dfrac{S}{X}\right) + \left(r - \dfrac{\sigma^2}{2}\right)(T-t)}{\sigma\sqrt{T-t}} = d_1 - \sigma\sqrt{T-t}$$

式 8.18 即著名的布莱克—舒尔斯期权定价公式，在其中包含的变量中，股份波动率 σ 可以通过历史数据进行估算，$N(d_1)$ 和 $N(d_2)$ 概率分布函数值可以通过查表求得，这样我们就可以算出无风险利率 r 时的不支付红利股票欧式看涨期权的价格。

在标的资产无收益情况下，由于 $C = c$，因此式 8.18 也给出了不支付红利股票美式看涨期权的价值。

由于欧式看涨期权和看跌期权之间存在平价关系，因此把式 8.18 代入欧式看涨期权和看跌期权平价公式中，可以得到不支付红利股票欧式看跌期权的定价公式：

$$p = Xe^{-r(T-t)}N(-d_2) - SN(-d_1) \tag{8.19}$$

【例 8.2】 股票当前价格 $S = 50$ 元，协议价格 $X = 50$ 元，无风险年利率 $r = 12\%$，股票的波动率 $\sigma = 10\%$，期权到期期限 $T = 1$ 年，计算对应的欧式看涨期权的价格。

解：按题意有 $T - t = 1$（年）

$$\ln\left(\frac{S}{X}\right) = \ln\left(\frac{50}{50}\right) = 0$$

$$d_1 = \frac{\ln\left(\dfrac{S}{X}\right) + \left(r + \dfrac{\sigma^2}{2}\right)(T-t)}{\sigma\sqrt{T-t}} = \frac{\left(0.12 + \dfrac{0.01}{2}\right) \times 1}{0.1 \times \sqrt{1}} = 1.25$$

金融学科核心课程系列教材

$$d_2 = d_1 - \sigma\sqrt{T-t} = 1.25 - 0.1 \times \sqrt{1} = 1.15$$

查表知：

$$N(d_1) = 0.8944, \quad N(d_2) = 0.8749$$

根据：

$$c = SN(d_1) - Xe^{-r(T-t)}N(d_2)$$

得：

$$c = 50 \times 0.8944 - 50 \times e^{-0.12 \times 1} \times 0.8749 = 5.92 \ （元）$$

布莱克—舒尔斯期权定价理论的意义在于，它是第一个有实际应用价值的期权定价理论。此后，许多学者对它进行了修正，以使其更为完善；并且，从布莱克—舒尔斯的定价思想出发，学者们提出了解决利率期权、期货期权、货币期权以及更为复杂的期权（如新型期权、具有期权特征的衍生证券等）定价的理论与模型。由于美式看跌期权与看涨期权之间不存在严密的平价关系，因此美式看跌期权的定价还没有得到一个精确的解析公式，但是，学者们已经提出了一些实用的近似方法，如有限差分方法和二叉树法，其中二叉树方法我们将在后文中进行讨论。

三、有收益资产的期权定价公式

在前文，我们分析了股票期权定价的布莱克—舒尔斯期权定价公式，布莱克—舒尔斯公式有一个假设前提，就是在期权到期之间没有任何的现金股利支付，莫顿（1973）放松了这一假定条件，将股票红利的现金支付纳入期权定价的理论分析中。莫顿假定股利支付率已知，并且股利的支付是连续的，这里用 q 来表示股利支付率，则支付股票红利的期权定价模型为：

$$c = Se^{-q(T-t)}N(d_1) - Xe^{-r(T-t)}N(d_2) \qquad 8.20$$

$$d_1 = \frac{\ln\left(\frac{S}{X}\right) + \left(r - q + \frac{\sigma^2}{2}\right)(T-t)}{\sigma\sqrt{T-t}}$$

$$d_2 = \frac{\ln\left(\frac{S}{X}\right) + \left(r - q - \frac{\sigma^2}{2}\right)(T-t)}{\sigma\sqrt{T-t}} = d_1 - \sigma\sqrt{T-t}$$

莫顿的这一修正成果大大增强了布莱克—舒尔斯公式的适用性，这一期权定价公式不仅适用于股票期权的定价，同样也适用于股指期权、外汇期权以及期货期权的定价，这一修正公式也叫做布莱克—舒尔斯—莫顿公式。

【例 8.3】 假设当前英镑的即期利率为 1.5000 美元/英镑，美国的无风险连续复利率为 7%，英镑的无风险连续复利率为 10%，英镑汇率遵循几何布朗运动，其波动率为 10%，求 6 个月期协议价格为 1.50 美元/英镑的英镑欧式看涨期权的价格。

解：由于英镑会生产无风险收益，且该收益是连续的复利率 10%，所以应该用 $Se^{-0.1 \times 0.5}$ 代替 S 即可求得期权价格：

$$c = 1.5e^{-0.1 \times 0.5}N(d_1) - 1.5e^{-0.07 \times 0.5}N(d_2)$$

其中：

$$d_1 = \frac{-0.1 \times 0.5 + (0.07 + 0.5 \times 0.01) \times 0.5}{0.1 \times \sqrt{0.5}} = -0.1768$$

$$d_2 = d_1 - \sigma\sqrt{T-t} = -0.1768 - 0.1 \times \sqrt{0.5} = -0.2475$$

查表知：

$$N(d_1) = 0.4298, \quad N(d_2) = 0.4023$$

故有：

$$c = 3.05 \text{ 美元}$$

【例 8.4】 设有 S&P 500 欧式看涨期权，还有 3 个月到期。指数现值为 1 420 点，执行价格为 1 400 点，无风险利率为年利率 6%，指数波动率为每年 20%，假设股指收益率为 2%，求该看涨期权的价格。

解：按题意，$S = 1\,420$，$X = 1\,400$，$r = 0.06$，$\sigma = 0.20$，$T - t = \frac{3}{12} = 0.25$，$q = 0.02$，则有：

$$d_1 = \frac{\ln\left(\frac{1\,420}{1\,400}\right) + \left(0.06 - 0.02 + \frac{0.2^2}{2}\right) \times 0.25}{0.2\sqrt{0.25}} = 0.292$$

$$d_2 = 0.292 - 0.2\sqrt{0.25} = 0.192$$

查表得：

$$N(d_1) = 0.6149 \quad N(d_2) = 0.5761$$

则看涨期权的价格为：

$$c = 1\,420 \times 0.6149e^{-0.02 \times 0.25} - 1\,400 \times 0.5761e^{-0.06 \times 0.25} = 74.27 \text{（美元）}$$

第三节　二叉树期权定价模型

二项期权定价模型由考克斯（J. C. Cox）、罗斯（S. A. Ross）、鲁宾斯坦

金融学科核心课程系列教材

（M. Rubinstein）和夏普（Sharpe）等提出的一种期权定价模型，该模型建立在一个基本假设基础上，即在给定的时间间隔内，股票的价格运动有两个可能的方向：上涨或者下跌。虽然这一假设非常简单，但由于可以把一个给定的时间段细分为更小的时间单位，因而二项式期权定价模型适用于处理更为复杂的期权。

一、单步二叉树模型

运用单步二叉树为期权定价，可以有两种方法：无套利方法和风险中性定价方法。

（一）无套利定价法

考虑一个无红利支付的股票，股票价格为 S，基于该股票的某衍生证券的当前价格为 f。二叉树模型首先把期权的有效期分为很多很小的时间间隔 Δt，并假设在每一个时间间隔 Δt 内股票价格只有两种运动的可能：从开始的 S 上升到原先的 u 倍，即到达 Su；下降到原先的 d 倍，即 Sd。其中，$u>1$，$d<1$，如图 8.1 所示。价格上升的概率假设为 p，下降的概率假设为 $1-p$（见图 8.1）。

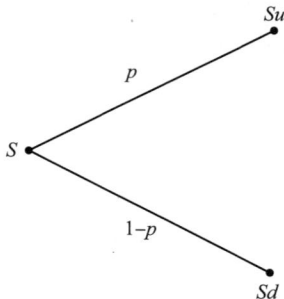

图 8.1 Δt 时间内股票价格的变动

相应地，期权价值也会有所不同，分别为 f_u 和 f_d。

注意，在较大的时间间隔内，这种二值运动的假设当然不符合实际，但是当时间间隔非常小的时候，比如在每个瞬间，股票价格只有这两个运动方向的假设是可以接受的。因此，二叉树模型实际上是在用大量离散的小幅度二值运动来模拟连续的股票价格运动。

由于期权和标的资产的风险源是相同的，在如图 8.1 所示的单步二叉树中，我们可以构造一个证券组合，包括 Δ 股股票多头和一个看涨期权空头。如果我们取适当的 Δ 值，使

$$Su\Delta - f_u = Sd\Delta - f_d$$

则无论资产价格是上升还是下跌，这个组合的价值都是相等的。也就是说，当 $\Delta = \dfrac{f_u - f_d}{Su - Sd}$ 时，无论股票价格上升还是下跌，该组合的价值都相等。显然，该组合为无风险组合，因此我们可以用无风险利率对 $Su\Delta - f_u$ 或 $Sd\Delta - f_d$ 贴现来求该组合的现值。在无套利机会的假设下，该组合的收益现值应等于构造该组合的成本，即：

$$S\Delta - f = (Su\Delta - f_u)e^{-r\Delta t}$$

将 $\Delta = \dfrac{f_u - f_d}{Su - Sd}$ 代入上式就可得到：

$$f = e^{-r\Delta t}[pf_u + (1-p)f_d] \qquad\qquad 8.21$$

其中：

$$p = \frac{e^{r\Delta t} - d}{u - d} \qquad\qquad 8.22$$

【例 8.5】 假设某只股票当前的市场价格为 20 元。投资者预期 3 个月后股价有可能是 22 元，也有可能是 18 元。再假设该股票不分红利，无风险连续复利年利率为 10%，试问有效期 3 个月、协议价格 21 元的欧式看涨期权如何定价？

解：我们知道，3 个月后市场只会出现两种可能结果：股票价格要么上升到 22 元要么下降到 18 元。如果股票价格上升到 22 元，期权的价值 f_u 为 1 元；如果股票价格下降到 18 元，期权的价值 f_d 将是 0。已知 $u = 1.1$，$d = 0.9$，$r = 0.1$，$T - t = 0.25$，由公式 8.22 可知：

$$p = \frac{e^{0.1 \times 0.25} - 0.9}{1.1 - 0.9} = 0.627$$

$$f = e^{-r\Delta t}[pf_u + (1-p)f_d] = e^{-0.1 \times 0.25} \times [0.627 + (1 - 0.627) \times 0] = 0.61 \text{（元）}$$

（二）风险中性定价法

在前面分析中我们知道期权定价可以在风险中性世界中进行，同样，我们也可以在二叉树模型中应用风险中性定价原理，确定参数 p、u 和 d，从而为期权定价。这是二叉树定价的一般方法。

在风险中性世界里：

所有可交易证券的期望收益率都是无风险利率；

未来现金流可以用其期望值按无风险利率贴现。

在风险中性的条件下，股票的预期收益率应等于无风险利率 r，因此若期初

的股票价格为 S，则在很短的时间间隔 Δt 末的证券价格期望值应为 $Se^{r\Delta t}$。因此，参数 p、u 和 d 的值必须满足这个要求，即：

$$Se^{r\Delta t} = pSu + (1-p)Sd$$
$$e^{r\Delta t} = pu + (1-p)d \qquad 8.23$$

二叉树模型也假设股票价格遵循几何布朗运动，那么在一个小时间段 Δt 内股票价格变化的方差是 $S^2 e^{2\mu(T-t)}\left[e^{\sigma^2(T-t)} - 1\right]$。根据方差的定义，变量 Q 的方差等于 $E(Q^2) - [E(Q)]^2$，因此：

$$S^2 e^{2\mu(T-t)}\left[e^{\sigma^2(T-t)} - 1\right] = pS^2u^2 + (1-p)S^2d^2 - S^2[pu+(1-p)d]^2$$
$$e^{2\mu(T-t)}\left[e^{\sigma^2(T-t)} - 1\right] = pu^2 + (1-p)d^2 - [pu+(1-p)d]^2 \qquad 8.24$$

式 8.21 和式 8.22 给出了计算 p、u 和 d 的两个条件。第三个条件的设定则可以有所不同，令：

$$u = \frac{1}{d} \qquad 8.25$$

从以上三个条件求得，当 Δt 很小时：

$$p = \frac{e^{r\Delta t} - d}{u - d} \qquad 8.26$$
$$u = e^{\sigma\sqrt{\Delta t}} \qquad 8.27$$
$$d = e^{-\sigma\sqrt{\Delta t}} \qquad 8.28$$

从而：

$$f = e^{-r\Delta t}[pf_u + (1-p)f_d] \qquad 8.29$$

比较以上两种方法，我们可以看到，无套利定价法和风险中性定价法实际上具有内在一致性。在无套利定价过程中，我们并没有考虑股票价格上升和下降的实际概率，由于股票预期收益率等于不同情况下收益率以概率为权重的加权平均值，在无套利定价法下无须考虑概率就意味着与资产预期收益具有无关性，这正好符合风险中性的概念。

一般来说，在运用二叉树方法时，风险中性定价是常用的方法，而无套利定价法则主要是提供了一种定价思想。

二、多步二叉树模型

以上所述的单步二叉树模型虽然比较简单，但已包含着二叉树定价模型的基本原理和方法。因此，可以进一步拓展到多步二叉树模型。应用多步二叉树模型来表示股票价格变化的完整树型结构，如图 8.2 所示。

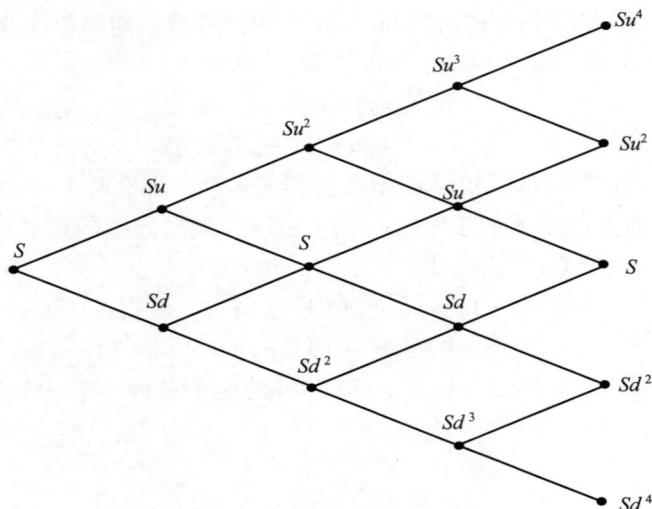

图 8.2　股票价格的树型结构

当时间为 0 时，股票价格为 S。时间为 Δt 时，股票价格要么上涨到 Su，要么下降到 Sd；时间为 $2\Delta t$ 时，股票价格就有三种可能：Su^2、Sud（等于 S）和 Sd^2，以此类推。一般而言，在 $i\Delta t$ 时刻，股票价格有 $i+1$ 种可能，它们可用符号表示为：

$$Su^j d^{i-j} \qquad \text{其中 } j=0,\ 1,\ 2,\ \cdots,\ i$$

在二叉树模型中，期权定价从树型结构图的末端 T 时刻开始，采用倒推法定价。由于在 T 时刻的期权价值是已知的。例如，看涨期权价值为 $\max(S_T - X, 0)$，看跌期权价值为 $\max(X - S_T, 0)$。因此在风险中性条件下在求解 $T - \Delta t$ 时刻的每一节点上的期权价值时，都可通过将 T 时的期权价值的预期值在 Δt 时间长度内以无风险利率 r 贴现求出。同理，要求解 $T - 2\Delta t$ 时的每一节点的期权价值时，也可以将 $T - \Delta t$ 时的期权价值预期值在时间 Δt 内以无风险利率 r 贴现求出。以此类推。如果是美式期权，就要看在树型结构的每一个节点上，提前执行期权是否比将期权再持有 Δt 时间更有利。采用这种倒推法，最终可以求出 0 时刻（当前时刻）的期权价值。

下面我们给出用数学符号表示的二叉树期权定价方法，以无收益股票的美式看跌期权为例。假设把该期权有效期划分成 N 个长度为 Δt 的小区间，令 $f_{it}(0 \leqslant i \leqslant N,\ 0 \leqslant j \leqslant i)$ 表示在时间 $i\Delta t$ 时第 j 个节点处的美式看跌期权的价值，我们将 f_{ij} 称为节点 (i, j) 的期权价值。同时用 $Su^j d^{i-j}$ 表示节点 (i, j) 处的股票价格。由于美式看跌期权在到期时的价值是 $\max(X - S_T, 0)$，所以有：

$$f_{N,j} = \max(X - Su^j d^{N-j}, 0), \ \text{其中} \ j = 0, 1, \cdots, N$$

当时间从 $i\Delta t$ 变为 $(i+1)\Delta t$ 时，从节点 (i, j) 移动到节点 $(i+1, j+1)$ 的概率为 p，移动到 $(i+1, j)$ 的概率为 $1-p$。假定期权不被提前执行，则在风险中性条件下：

$$f_{ij} = e^{-r\Delta t}[pf_{i+1,j+1} + (1-p)f_{i+1,j}]$$

其中 $0 \leq i \leq N-1$，$0 \leq j \leq i$。如果考虑提前执行的可能性的话，式中的 f_{ij} 必须与期权的内在价值比较，由此可得：

$$f_{ii} = \max\{X - Su^j d^{i-j}, e^{-r\Delta t}[pf_{i+1,j+1} + (1-p)f_{i+1,j}]\}$$

按这种倒推法计算，当时间区间的划分趋于无穷大，或者说当每一区间 Δt 趋于 0 时，就可以求出美式看跌期权的准确价值。根据实践经验，一般将时间区间分成 30 步就可得到较为理想的结果。

三、布莱克—舒尔斯期权定价模型与二叉树定价模型的比较

二项式期权定价模型和布莱克—舒尔斯期权定价模型，是两种相互补充的方法。二项式期权定价模型推导比较简单，更适合说明期权定价的基本概念。二叉树模型中的时间段是离散型的，考虑到期前价格变化的时间段不断增加的情况，比方说，到期前每天，甚至每小时、每分钟股价都有不同变化，将会得到一个非常大的二叉树。实际上，当时间段被无限细分时，二项式期权定价模型的分布函数就越来越趋向于正态分布，二项式期权定价模型和布莱克—舒尔斯期权定价模型相一致。

布莱克—舒尔斯期权定价模型与二叉树模型的主要差别有以下几点：

第一，布莱克—舒尔斯期权定价模型没有考虑期权提前执行的情况，而二叉树模型并未排斥美式期权的这种情况，因而适用更广泛。正因为这一原因，对于实值期权的定价，布莱克—舒尔斯期权定价模型的定价较二叉树模型偏低；但对平值或虚值期权定价时，两者确定的价格差异不太明显。

第二，二叉树模型在计算机发展的阶段比布莱克—舒尔斯期权定价模型计算起来更复杂、更费时，但随着快速大型计算机和模型计算机的标准程序的出现，这个问题得到了解决。

第三，二叉树模型假定标的物价格变化呈二项式分布，而布莱克—舒尔斯期权定价模型假设价格呈标准对数正态分布，后者的假设更接近于现实。

关 键 词 汇

随机过程　马尔科夫过程　漂移率　方差率

思 考 题

1. 如何理解二叉树数值定价方法？

2. 假设某种不支付红利股票的市价为 60 元，风险利率为 10%，该股票的年波动率为 30%，求该股票协议价格为 60 元、期限 3 个月的欧式看跌期权价格。

3. 某股票目前价格为 30 元，假设该股票 1 个月后的价格要么为 32 元、要么为 28 元。连续复利无风险年利率为 8%。请问 1 个月期的协议价格等于 29 元欧式看涨期权的价格等于多少？

4. 假设当前人民币的即期汇率为 \$0.1600，美国的无风险连续复利年利率为 5%，我国的无风险连续复利年利率为 4%，人民币汇率遵循几何布朗运动，其波动率为 10%，求 6 个月期协议价格为 \$0.1600 的人民币欧式看涨期权价格。

5. 一种外币的当前价格为 0.8 美元，在此后的 2 个月，该外币价格或上涨 2% 或下跌 2%，国内及国外无风险利率分别为 6% 及 8%。执行价格为 0.8 的 2 个月期欧式看涨期权的价格为多少？

附表：

标准正态分布数值表

X	0	0.01	0.02	0.03	0.04	0.05	0.06	0.07	0.08	0.09
0	0.5000	0.5040	0.5080	0.5120	0.5160	0.5199	0.5239	0.5279	0.5319	0.5359
0.1	0.5398	0.5438	0.5478	0.5517	0.5557	0.5596	0.5636	0.5675	0.5714	0.5753
0.2	0.5793	0.5832	0.5871	0.5910	0.5948	0.5987	0.6026	0.6064	0.6103	0.6141
0.3	0.6179	0.6217	0.6255	0.6293	0.6331	0.6368	0.6404	0.6443	0.6480	0.6517
0.4	0.6554	0.6591	0.6628	0.6664	0.6700	0.6736	0.6772	0.6808	0.6844	0.6879
0.5	0.6915	0.6950	0.6985	0.7019	0.7054	0.7088	0.7123	0.7157	0.7190	0.7224
0.6	0.7257	0.7291	0.7324	0.7357	0.7389	0.7422	0.7454	0.7486	0.7517	0.7549
0.7	0.7580	0.7611	0.7642	0.7673	0.7703	0.7734	0.7764	0.7794	0.7823	0.7852
0.8	0.7881	0.7910	0.7939	0.7967	0.7995	0.8023	0.8051	0.8078	0.8106	0.8133
0.9	0.8159	0.8186	0.8212	0.8238	0.8264	0.8289	0.8355	0.8340	0.8365	0.8389
1.0	0.8413	0.8438	0.8461	0.8485	0.8508	0.8531	0.8554	0.8577	0.8599	0.8621
1.1	0.8643	0.8665	0.8686	0.8708	0.8729	0.8749	0.8770	0.8790	0.8810	0.8830
1.2	0.8849	0.8869	0.8888	0.8907	0.8925	0.8944	0.8962	0.8980	0.8997	0.9015
1.3	0.9032	0.9049	0.9066	0.9082	0.9099	0.9115	0.9131	0.9147	0.9162	0.9177
1.4	0.9192	0.9207	0.9222	0.9236	0.9251	0.9265	0.9279	0.9292	0.9306	0.9319
1.5	0.9332	0.9345	0.9357	0.9370	0.9382	0.9394	0.9406	0.9418	0.9430	0.9441
1.6	0.9452	0.9463	0.9474	0.9484	0.9495	0.9505	0.9515	0.9525	0.9535	0.9535
1.7	0.9554	0.9564	0.9573	0.9582	0.9591	0.9599	0.9608	0.9616	0.9625	0.9633
1.8	0.9641	0.9648	0.9656	0.9664	0.9672	0.9678	0.9686	0.9693	0.9700	0.9706
1.9	0.9713	0.9719	0.9726	0.9732	0.9738	0.9744	0.9750	0.9756	0.9762	0.9767
2.0	0.9772	0.9778	0.9783	0.9788	0.9793	0.9798	0.9803	0.9808	0.9812	0.9817
2.1	0.9821	0.9826	0.9830	0.9834	0.9838	0.9842	0.9846	0.9850	0.9854	0.9857
2.2	0.9861	0.9864	0.9868	0.9871	0.9874	0.9878	0.9881	0.9884	0.9887	0.9890
2.3	0.9893	0.9896	0.9898	0.9901	0.9904	0.9906	0.9909	0.9911	0.9913	0.9916
2.4	0.9918	0.9920	0.9922	0.9925	0.9927	0.9929	0.9931	0.9932	0.9934	0.9936
2.5	0.9938	0.9940	0.9941	0.9943	0.9945	0.9946	0.9948	0.9949	0.9951	0.9952
2.6	0.9953	0.9955	0.9956	0.9957	0.9959	0.9960	0.9961	0.9962	0.9963	0.9964
2.7	0.9965	0.9966	0.9967	0.9968	0.9969	0.9970	0.9971	0.9972	0.9973	0.9974
2.8	0.9974	0.9975	0.9976	0.9977	0.9977	0.9978	0.9979	0.9979	0.9980	0.9981
2.9	0.9981	0.9982	0.9982	0.9983	0.9984	0.9984	0.9985	0.9985	0.9986	0.9986
3	0.9987	0.9990	0.9993	0.9995	0.9997	0.9998	0.9998	0.9999	0.9999	1.0000
X	0.00	0.01	0.02	0.03	0.04	0.05	0.06	0.07	0.08	0.09

参 考 文 献

［1］ John Hull. *Option*，*Futures and Other Derivatives*，7th edition，机械工业出版社 2009 年版。

［2］ 约翰·马歇尔，维普尔·班赛尔：《金融工程》，清华大学出版社 1998 年版。

［3］ 郑振龙、陈蓉主编：《金融工程》，高等教育出版社 2016 年版。

［4］ 张亦春、郑振龙主编：《金融市场学》，高等教育出版社 2003 年版。

［5］ 宋逢明：《金融工程原理》，清华大学出版社 1999 年版。

［6］ 罗伯特·C·默顿等：《金融工程案例》，东北财经大学出版社 2001 年版。

［7］ 陈松男：《金融工程学：金融商品创新选择权理论》，复旦大学出版社 2002 年版。

［8］ 吴冲锋等：《金融工程学》，高等教育出版社 2005 年版。

［9］ 郑振龙主编：《金融工程》，高等教育出版社 2003 年版。

［10］ 林苍祥等：《金融工程理论与实务》，北京大学出版社 2012 年版。

［11］ 陈信华：《金融衍生工具》，上海财经大学出版社 2009 年版。

［12］ 陈工孟、吴文峰、朱云编著：《金融工程》，清华大学出版社 2003 年版。

［13］ 庄新田、高莹、金秀编著：《金融工程学》，清华大学出版社 2007 年版。

［14］ 李德荃等主编：《金融工程学》，对外经济贸易大学出版社 2010 年版。

［15］ 周洛华：《金融工程学》，上海财经大学出版社 2008 年版。

［16］ 林清泉主编：《金融工程》，中国人民大学出版社 2009 年版。

［17］ 王光伟编著：《金融工程学》，高等教育出版社 2006 年版。

［18］ 赵胜民主编：《金融工程》，厦门大学出版社 2010 年版。

［19］ 李飞编著：《金融工程》，机械工业出版社 2010 年版。

［20］ 叶永刚主编：《金融工程学》，东北财经大学出版社 2002 年版。

各章练习题参考答案

第二章 远期和期货合约概述

单项选择题

1. B 2. B 3. A 4. B 5. B
6. C 7. B 8. D 9. A 10. D

第四章 期货与远期合约的套期保值策略

一、单项选择题

1. A 2. D 3. D 4. C 5. C
6. C 7. A 8. A 9. C 10. D
11. A 12. A 13. B 14. A 15. A

二、多项选择题

1. BC 2. CD 3. ABCD 4. BC 5. ABC

三、判断题

1. √ 2. × 3. × 4. √ 5. √
6. × 7. × 8. × 9. √ 10. ×
11. × 12. √ 13. √ 14 √ 15. √
16. √ 17. √ 18. √ 19. × 20. ×

第五章 股指期货、远期外汇合约、远期利率合约和利率期货

单项选择题

1. D 2. C 3. D 4. B 5. A
6. C 7. B 8. B 9. A 10. C
11. B 12. A 13. C 14. C 15. A
16. C

第七章 期权基础

一、单项选择题

1. C	2. D	3. B	4. C	5. D
6. B	7. A	8. B	9. D	10. B
11. C	12. C	13. B	14. C	15. B
16. C	17. C	18. C		

二、多项选择题

1. BD	2. ABCD	3. AC	4. AD	5. BCD
6. BC	7. AD	8. CD	9. ABCD	10. BD